国外当代教育研究

精准教学系列

主　编　盛群力　肖龙海

副主编　冯建超

编制与使用学习目标和表现量规：

教师如何作出最佳教学决策

BIANZHI YU SHIYONG XUEXI MUBIAO HE BIAOXIAN LIANGGUI:

JIAOSHI RUHE ZUOCHU ZUIJIA JIAOXUE JUECE

[美] 卡拉·摩尔　莉比·H. 加斯特　罗伯特·J. 马扎诺　著

伊丽莎白·肯尼迪　蒂娜·森　协编

管　颐　译　　肖龙海　校

中原出版传媒集团

中原传媒股份公司

大象出版社

·郑州·

图书在版编目(CIP)数据

编制与使用学习目标和表现量规 : 教师如何作出最佳教学决策 / (美) 卡拉 · 摩尔, (美) 莉比 · H. 加斯特, 罗伯特 · J. 马扎诺著; 管颐译.— 郑州 : 大象出版社, 2018. 11

(国外当代教育研究译丛.精准教学系列)

ISBN 978-7-5347-9969-3

Ⅰ. ①编… Ⅱ. ①卡… ②莉… ③罗… ④管… Ⅲ. ①课堂教学—教学设计 Ⅳ. ①G424. 21

中国版本图书馆 CIP 数据核字(2018)第 249988 号

出 版 人 王刘纯
责任编辑 方 敏
责任校对 裴红燕
装帧设计 张 帆
出版发行 大象出版社(郑州市开元路 16 号 邮政编码 450044)
发行科 0371-63863551 总编室 0371-65597936
网 址 www.daxiang.cn
印 刷 河南新华印刷集团有限公司
经 销 各地新华书店经销
开 本 787mm×1092mm 1/16
印 张 7.5
字 数 98 千字
版 次 2018 年 11 月第 1 版 2018 年 11 月第 1 次印刷
定 价 18.50 元

若发现印、装质量问题,影响阅读,请与承印厂联系调换。
印厂地址 郑州市经五路 12 号
邮政编码 450002 电话 0371-65957865

浙江省卓越教师培养协同创新中心
2017—2018 年度重点项目“教师教学设计应用模式研究”成果

浙江传媒学院教师教学发展中心合作成果

精准教学系列

“精准教学系列”（The Essentials for Achieving Rigor Series）这套教学指导书有助于教育工作者在实施、监控和适应教学方面做到得心应手。本系列采用了日常示例作为课堂应用的范例，使之具有即时的实践效果。

《确定关键内容：把握重点的方法》

《言之有理：提出与辩护主张的方法》

《记录与表征知识：准确组织与总结内容的方法》

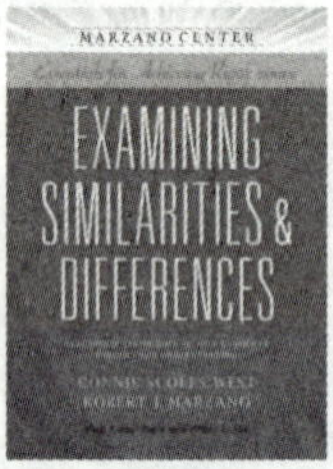

《区分异同：深度理解的方法》

《加工新知：参与学习的方法》

《梳理知识：检查深度理解的方法》

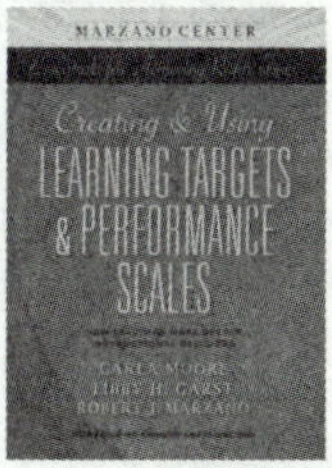

《编制与使用学习目标和表现量规：教师如何作出最佳教学决策》

《参与综合认知任务：跨学科提出与检验假设的方法》

《操练技能、策略与过程：熟能生巧的方法》

《组织学习活动：小组互动方法》

《标准驱动的课堂：精准教学的实践模式》

致谢

国际学习科学组织（Learning Sciences International）感谢以下审稿人的帮助：

乔治·E. 古德费洛

（George E. Goodfellow）

罗德岛州，北锡楚埃特，锡楚埃特高中，2008 年罗德岛州年度优秀教师

亚伦·西泽

（Aaron Sitze）

伊利诺伊州，俄勒冈，俄勒冈高中，2013 年伊利诺伊州年度优秀教师候选人

罗宾·L. 奥利弗里

（Robin L. Oliveri）

佛罗里达州，塔拉哈西，戈德比高中，2014 年佛罗里达州年度优秀教师候选人

莉萨·斯塔茨

（Lisa Staats）

北卡罗来纳州，绍科温蒂，绍科温蒂中学，2012 年北卡罗来纳州年度优秀教师候选人

献 词

谨将本书献给我的第一任老师——爸爸和妈妈，献给一直教导和激励我的盖里、埃里卡和威尔。

——卡拉·摩尔

谨将本书献给我的孩子——布莱德利和艾莉森，是他们的学术风骨激励我成为一个更好的教育家。

——莉比·H. 加斯特

作者简介

卡拉·摩尔（CARLA MOORE），教育学硕士，是一位经验丰富的专业开发人员、教师和管理者，负责监管国际学习科学组织的产品和内容开发，特别强调教师和管理人员工作的有效性。十多年来，她一直从事区域职业发展工作，曾担任过许多职务，其中包括佛罗里达州圣露西县公立学校的教学质量主任。她参与领导了“马扎诺教师评估模型”的实施，并在区域内开展培训。她为 K–12 教育作出的贡献得到了全国性的认可，获得了 2013 年佛罗里达州人力资源发展协会年度奖、施乐奇中心会议奖学金以及宝藏海岸新闻终身成就教育奖等。此外，她对州和国家论坛的观众提出挑战，推动教学领域不断发展壮大。卡拉和她的丈夫盖里，以及他们的两个孩子埃里卡和威尔一起在南佛罗里达州生活。

莉比·H. 加斯特（LIBBY H. GARST），教育学硕士，作为国际学习科学马扎诺中心的职业培训师和教学设计师，为教师成长提供专业发展支持。她为国际学习科学中心所倡导的基于实证研究的教学策略撰写了大量内容，并为国家专业实践研究所科学教育硕士课程的《教学的艺术与科学》提供了便利的在线课程。莉比在小学和中学的教学上都是一名成功的教师和培训师。她毕业于弗吉尼亚理工大学，获得弗吉尼亚大学硕士学位。莉比与丈夫韦斯利育有两个才华横溢的孩子布莱德利和艾莉森。

罗伯特·J. 马扎诺（ROBERT J. MARZANO），博士，马扎诺研究实验室首席执行官，国际学习科学马扎诺中心教师和领导评估执行主任。作为教育领域的杰出研究者，他是一名演说家、培训师和作家，发表论文 150 多篇，涉及教学指导、评估、写作及实施标准、认知、有效领导力和学校干预等，撰写著作 30 多部，包括《教学的艺术与科学》（ASCD，2007）和《差异化教师评估》（ASCD，2013）。

伊丽莎白·肯尼迪（ELIZABETH A. KENNEDY），教育硕士，指导和实施国际学习科学中心在学校和地区的试点研究项目。她在中小学担任公立学校教师和学校管理人员已有 39 年的成功经验。

蒂娜·森（DEANA SENN），环境卫生工程学硕士，国际学习科学马扎诺中心的首席职业培训师和高级职员。她的经历跨越美国和加拿大的农村和城市。蒂娜获得了得克萨斯农工大学学士学位和蒙大拿州立大学硕士学位。

目　录

引 言

《编制与使用学习目标和表现量规：教师如何作出最佳教学决策》这本书，旨在为改进教学实践的具体方面提供一种资源：编制与使用学习目标和表现量规。

本书可以为教师提供基于实证研究的教学策略（如马扎诺教学框架中所涉及的）来改善教学实践。本书还可以帮助教师在课堂上实施精准的教学策略，使学生达到各类标准的要求，如《共同核心国家标准》（*Common Core State Standards*）、《新一代科学教育标准》（*Next Generation Science Standards*）、《社会研究国家标准 C3 框架》（*C3 Framework for Social Studies State Standards*）、基于或受《大学与职业准备锚定标准》（*College and Career Readiness Anchor Standards*）影响的各州立标准。

本书可以帮助所有年级和学科的教师提高运用“编制与使用学习目标和表现量规”这一教学策略的能力。聚焦这一技能，你将能专注于该教学策略的细微之处并细致地做出改进，并进一步在具体教学实践中有意识地规划、实施、监控、调适、反思这一策略。正像马扎诺和托特（Marzano & Toth，2013）所说，一个想成为专家的人会有其独特的策略：

◇把教师专业发展所需的特定技能加以具体分解。

◇专注于在实践或日常活动中改进特定的关键技能模块（而非简单的任务）。

◇获得即时、具体和可操作的反馈，特别是从更有经验的教练那里得到评价。

◇在更具挑战性的水平上，不断练习每个关键技能直到掌握。对已经掌握的技能则尽量减少时间投入。

“精准教学系列”就是基于上述方法，专注于分解教师专业成长所需特定技能，提供日常的实用建议，以帮助教师更得心应手地运用这些技能。

基于马扎诺教学模式

“精准教学系列”基于“马扎诺教学框架”（Marzano Instructional Framework），即以实证研究为基础，为教育工作者提供将教学实践与学生学业成就联系起来所需的工具。本系列使用了马扎诺教学模式（Marzano Model of Instruction）的关键术语，见关键术语表。

关键术语表

术语	定义
《共同核心国家标准》（CCSS）	《共同核心国家标准》是由共同核心国家标准计划（CCSSI）开发的标准文件的正式名称，其目的是为美国学生的大学深造和职业生涯做好准备
《大学与职业准备锚定标准》（CCR）	《大学与职业准备锚定标准》是一个较为宽泛的说明，包含针对各年级和特定内容领域的具体标准
预期结果（Desired result）	由于实施一项具体策略而对学生提出的预期结果
监控（Monitoring）	在实施具体策略时，检查学生是否达成预期结果的行为
教学策略（Instructional strategy）	已经证实的、在课堂教学中较可能提高学业成就的一类方法
教学方法（Instructional technique）	用于使学生掌握和深入理解知识和技能的方法
内容（Content）	学生达到标准要求所需的知识和技能
支架（Scaffolding）	有针对性地提供支持，从而使认知复杂性和学生自主性达到精准目标
拓展（Extending）	将已经表现出预期结果的学生提升到更高理解水平的活动

数十年来，教育趋势犹如钟摆一般一直摇摆不定。教育工作者在规范的清单式教案和循序渐进的课程计划之间徘徊，目的都是帮助教师实现教学自主，然而他们在教学科学以及教师的责任方面考虑得非常少。在这些精确解释有效教学的方法中，往往缺少两种做法：（1）预期结果的具体陈述；（2）基于研究的坚实连接。马扎诺教学框架提供了一个全面的系统，详细说明了什么才是教师使用基于研究的教学策略所需要的。从这个坚实的教学基础出发，教师可以将教学的科学与自己独特而又有效的教学风格相结合，这就是教学的艺术。

《编制与使用学习目标和表现量规》将帮助你成长为高水平的创新型教师，使你能够实施这一策略，并开展支架教学和拓展教学以满足学生的一系列需求。

精准教学系列

“精准教学系列”详细介绍了基本的课堂策略，以支持教学中复杂的转变，这对于所有学生所需的精准教学环境来说是必不可少的。本系列介绍的教学策略对有效地教授《共同核心国家标准》《新一代科学教育标准》或学校所在区、州指定的标准至关重要。这些严格标准需要更深入的理解，运用更有效的策略加以更广泛的实施，从而使学生能够展现出标准所要求的知识和技能。本系列包括适用于所有年级和学科领域的教学方法，还包含针对具体年级的实例，可作为教师在课堂中应用的样例和落脚点。

无论教授哪个年级和学科，熟练运用这些策略对学生掌握《共同核心国家标准》或其他标准来说都至关重要。“精准教学系列”中涵盖的其他教学策略，例如如何做到言之有理和引导学生参与综合认知任务，体现了如何满足严格标准所需的认知复杂性。作为一个系列，这些策略乍看起来似乎有些令人生畏。因此，本系列将在每本书中仅关注一个具体策略。

编制与使用学习目标和表现量规

如果你已阅读并使用了“精准教学系列”中的其他书，那么你已经习惯了如何快速制订一套方法来帮助自己更充分地使用特定的教学策略。但是在这本书中，内容会组织得有些不同。

在这个系列的其他书中，那些帮助你教授特定年级的教学内容或科目的技巧是非常重要的，前提是你已经熟练掌握了该年级或科目的主要内容。但是，在这本书中若缺少了对学习目标和表现量规的描述，你和学生很可能会缺乏一个清晰的学习方向。

你和学生的努力很可能浪费在错误的内容上。所以要想有效地实施这一策略，你必须掌握编制学习目标和表现量规所需的技能和知识。一旦掌握了编制过程，你就能很容易地将学习目标和表现量规用于任何年级、任何内容。

本书分为两部分，向你展示如何编制、实施学习目标和表现量规。第一部分介绍编制学习目标和表现量规所需的知识和技能。你将学习如何用下列步骤逐步编制自己的学习目标和表现量规：（1）剖析标准，编制学习目标；（2）使用分步法来确定标准所要求的各个阶段的认知复杂程度；（3）将学习目标组合成体现不同层次表现水平的量规。在你掌握了必要的知识和技能来编制自己的学习目标和表现量规之后，第二部分将教你如何在课堂中加以运用。本书的第二部分会介绍四种方法来帮助你有效地实施学习目标和表现量规：（1）使用学习目标和表现量规的惯例；（2）使用教师编制型量规；（3）使用易于学生理解型量规；（4）使用学生生成型量规。

第一部分

编制学习目标和表现量规

学习目标和表现量规是可以帮你更有效地设计和实施教学的工具。这些工具将帮助你和学生聚焦于课程和单元的教学开发过程。起初，这个过程可能有些烦琐，但是正如其他任何类型的程序性知识一样，熟能生巧。

编制学习目标和表现量规，首先要了解这些工具是如何帮助你描述和传达学生需要掌握的陈述性知识和程序性知识。你会遇到与编制学习目标和表现量规有关的各种术语（见表 1.1）。乍一看，这些术语可能让人有些不解。然而，当你在第一部分学习了编制学习目标和表现量规的各种步骤，你就会有更深入的理解去有效推进学习目标和表现量规的实施。

表 1.1 编制学习目标和表现量规相关术语表

术语	定义
程序性知识	学生能够操作的技能或过程，体现其对所学内容的理解
陈述性知识	学生将要理解的信息知识
基本过程	基本练习或素养，能为获得能力或技能提供必要经验
课程标准	由国家、州或地方发布的声明，指定标准的教育基准并指明学生在特定的年级和学科领域所需要学习的内容
学习目标	与课程标准要求的认知程度相同，确定掌握内容所需的技能
复杂认知目标	包含了处理水平或是超出课程标准要求的复杂性认知
基础目标	包含了必要的先决条件、基础知识以及基本过程，这些内容没有在课程标准中明确说明，却是达成学习目标、构建初步理解的必要条件。基础目标所要求的思维水平低于标准和学习目标所要求的处理水平和认知复杂程度
一般学习目标	由简短的描述性短语构成，通常在表现量规中列出，详细说明学生必须理解和展现的知识和技能，以体现对课程标准的理解程度
表现量规	与特定标准相关，能表达不同水平的知识和技能的连续体

表 1.1 包含的各种目标来源于标准中含有的基本知识、技能和过程。当你剖析标准确定各种学习目标以后，就可以编制一个表现量规。

表现量规体现了从简单到复杂的思维水平，将各种类型的目标组织起来。基于明确的目标所精心设计的表现量规，可以作为你和学生之间的沟通工具，因为它概述了要达成学习目标的学习过程。表现量规由一个个的学习目标组成，通过彼此间相互作用，逐步掌握特定的课程标准。当你向学生传授重要内容时，应及时、持续地参考具体表现量规的相关方面。表现量规为你和学生提供了掌握标准所需的步骤及期望。

编制学习目标

学习目标提供了教学设计的重点，并且能够帮助你更有效地工作。这些目标不仅能作为交流工具，为学生每门课程的成功表现提供标准，还可以作为反馈工具，为你和学生提供学业表现信息。学习目标推动教什么，包括了在课程或单元教学过程中会发生的所有活动、任务和评价。对于教师来说，学习目标的好处还超越于课堂，能促进同事、辅导者和学校领导之间的沟通，聚焦问题，促进他们在专业学习共同体中的合作。

对于学生来说，学习目标提供了准确的指导，明确了日常学习的内容。同时，学习目标还确立了清晰的标准，告诉学生需要展示的内容，帮助他们顺利实现每节课的预期目标，最终达到课程标准。当学生能把握自己的学习目标时，他们就有了自主权并对自己未来的学习负责。

同一年级和科目的教师不仅应达成学习目标一致，而且应向不同年级的同事加以阐明。当同事们都努力实现同一学习目标时，支持学生并帮助他们达到既定学习期望的目标就更加容易实现。学习目标有助于将教师和学生的对话聚焦在一起，要求每个人都专注于自己应该学习的内容，而不仅仅是为了完成某项活动或任务。学习目标也可以帮助家长和其他家庭成员了解学生的学习期望。

在了解了学习目标的各种优点之后，你可能会得出这样的结论：一旦你学会了如何编制学习目标，你就准备好了可以去计划明天的课程和活动。但是，请记住，在下述编制学习目标部分你获得的编制学习目标的背景知识和技能，不是你的最终成果，编制学习目标是为了创建表现量规而设计的。

如何有效地编制学习目标

以下部分介绍如何有效地编制学习目标，主要分为两部分：（1）编制学习目标所需的背景知识；（2）编制学习目标。

背景知识

为了学习如何编制有效的学习目标，你需要了解两个信息体系：（1）标准中两种知识之间的差异；（2）三种类型目标的关键属性。这些背景知识会帮助你理解编制学习目标所需的概念。

陈述性知识和程序性知识

陈述性知识通常在课程标准中以“名词”的形式表述。这些“名词”代表知识，如术语、事实、时间序列、概念或原则，而这些都是学生获取更复杂的技能时必不可少的知识。例如，CCSS ELA 标准 RL7.6 要求学生“分析作者是如何构建人物的，并对比文中不同人物或叙述者的观点”。教师可能会问：“我必须教些什么才能帮助学生学会分析文本？”在学生分析人物性格特征之前，他们必须明白“观点”“人物”和“叙述者”这些术语是什么意思。陈述性知识的获得为学习更复杂的内容奠定了基础。学生通常会通过各种各样的活动来学习概念，这就使得他们能够系统地检查自己对内容的初步理解，从而加深认识。这种陈述性知识必须在学生达到熟练程度或提高处理必要程序性知识之前掌握，这就是之前标准里所提到的文本分析的过程。

程序性知识涉及技能、策略和过程。在州和国家标准中指明程序性知识的通常是动词。在前面的例子中，动词“分析”与“对比”提供了如何制定学习目标的线索。教授程序性知识需要技能示范、指导性练习、反馈和纠正错误，以及各种类型的练习，直至学生能够独立地将程序性知识运用到各种场景中。

三种类型目标

（1）学习目标；（2）基础目标；（3）复杂认知目标。在下面部分中将详细论述这几个目标。

学习目标 学习目标是指学生需要掌握的标准中所陈述的知识和技能。它们直接来源于州或国家的课程标准，确定学生在年级或课程结束时应该掌握的内容和能力。每一条标准将提供编制日常或每周学习目标所需的信息，包括内容重点、思维认知水平以及描述学习目标所需的准确用词。请记住，学习目标需要具有与标准相同水平的认知，并且通常需要一系列的课堂教学来完成。为了确定一个具有逻辑性的学习进程，首先要确定标准要求学生知道什么（陈述性知识）、示证什么（程序性知识）。

基础目标 基础目标包括建立在课程标准认知水平上的基础知识和基本过程，它们构成了学生需要掌握并最终达成学习目标的先决条件。有两种基础目标：（1）确定陈述性知识的基础目标；（2）确定程序性知识的基础目标。

陈述性知识的基础目标。陈述性知识的基础目标确定了标准必不可少的学科词汇。要确定必要的学科词汇，使其具有针对性，需提出以下问题：

◇学生是否需要知道这个字或词来示证对标准的理解？

◇学生在以前的年级或班级中是否学习过这个字或词？

如果第一个问题的答案是肯定的，那么该字或词应被视为潜在的目标词。但是，如果第二个问题的答案也是肯定的，那么除非使用这个字或词的方式与在以前的年级或班级中使用的不同，否则它就不能作为目标词。需要指出的是，该字或词可能需要在某种意义上被重新认识和讨论，但不能被认为是一种新知识，所以不应被视为是一种基础目标。

程序性知识的基础目标。基础目标还包括学生达成学习目标所必须掌握的基本技能和过程。这些技能和过程为今后的目标奠定基础，并且必须在学生达成现有学习目标之前实现。为了确定必须掌握的基本技能和过程，提出以下问题：

◇学生需要做些什么才能达成学习目标?

◇学生在以前的年级或班级中是否学习过这个技能和过程?

在回答第一个问题并列出所需的基本技能和过程之后，就要考虑第二个问题的答案。如果第二个问题的答案是肯定的，那么学生可能就需要简单回顾一下以前学习的技能和过程。但是，不要把这些先决条件的技能视为基础目标。除非这些技能以不同的方式呈现或使用，否则不能认为是新的知识。只有当新技能是建立复杂性认知学习目标所需时，才能被归类为基础目标。

复杂认知目标 编制这些目标是为了帮助学生拓展和深化标准所要求掌握的知识和技能。这些目标的要求比标准中的学习目标更为严格。与一般标准的要求相比，复杂认知目标需要更为深刻的思考，并希望学生能以更复杂多样的方式思考相同的内容。换句话说，复杂认知目标要求学生使用标准所要求的知识和技能来拓展他们的思维，并能跳出规定的范围进行应用。

编制学习目标

你肯定已经迫不及待地要开始为学生编制学习目标了。以下教程将分为两部分：（1）在实际动手编制学习目标之前必须确定的组织性任务和决策；（2）帮助你编制学习目标的步骤。

组织性任务和决策

在编制学习目标之前，需要确定几个组织性任务和作出决策。这些活动可以在学区办公室、学校团队或专业学习共同体中进行，包括以下内容：1）确定年级或专业内容的基本标准；2）将这些标准归类为一学年所要教授的单元中；3）对于每个标准的意图或目的达成一致意见；4）向所有参与者说明标准范围以及这些标准如何建立在以前的学习之上，最终为学生在随后的年级或课程中获得学业成功做好准备。一旦这些组织活动完成，你和同事将准备好编制学习目标。

编制学习目标的步骤

编制学习目标分为四个步骤：1）确定标准中的陈述性知识和程序性知识；2）将标准细分；3）剖析基础目标；4）编制复杂认知目标。

步骤 1：确定标准中的陈述性知识和程序性知识。编制学习目标的第一步是确定标准中的陈述性知识和程序性知识。在典型的标准中，程序性知识存在于动词中，而陈述性知识存在于名词中。下面通过三个例子（图 1.1、图 1.2 和图 1.3）来说明这个步骤，每个例子来源于一个年级段（K–5，6–8，9–12）。仔细阅读这三个例子，当你根据你的年级或科目选用标准时，注意圈出的动词（程序性知识）和画线的名词（陈述性知识）。虽然这些例子可能并没有说明你所教授的具体年级或内容，但是对于任何科目或年级来说，这个过程是相同的。

图 1.1 展示确定陈述性知识和程序性知识的基础示例。

基础——英语语言文学	年级：幼儿园
（CCSS.ELA-Literacy.RL.K.3）：根据提示和帮助，认识故事的人物、背景和主要事件	
（CCSS.ELA-Literacy.RL.K.1）：根据提示和帮助，提问并回答关于文本主要内容的问题	

图 1.1 确定陈述性知识和程序性知识的基础示例

图 1.2 展示一个中学数学示例，在两个标准中圈出动词（程序性知识），画出名词（陈述性知识）。

中学——数学　　年级：八年级

（CCSS.Math.8.NS.A.1）：知道非有理数的实数为无理数。初步理解每个实数都可以用小数表示。有些有理数可以表示为无限循环小数，同时，无限循环小数可以转化为有理数[①]

（CCSS.Math.8.NS.A.2）：使用无理数的有理近似值来比较无理数的大小，在数轴上大致定位并估计表达式的值（例如，π^2）

图 1.2　确定陈述性知识和程序性知识的中学示例

图 1.3 是一个高中示例，从几个高中生物标准中确定陈述性知识和程序性知识。

高中——生物　　年级：九年级至十二年级

（CPALMS: Life Science SC.912.L.14.2）：将植物和动物细胞的结构和功能相联系。解释细胞膜作为高选择性屏障（被动运输和主动运输）的作用

（CPALMS: Life Science SC.912.L.14.3）：比较和对比植物和动物细胞的一般结构。比较和对比原核细胞和真核细胞的一般结构

（CPALMS: Life Science SC.912.L.14.4）：比较和对比不同型号的显微镜的结构和功能

图 1.3　确定陈述性知识和程序性知识的高中示例

步骤 2：将标准细分。将标准细分，意味着将其分解成一个个小的学习目标。细分并不困难，但是这个过程需要仔细阅读有关动词，并将标准中的句子和段落转换为学习目标列表。

表 1.2 展示如何将幼儿园英语语言文学标准转换成五个单一学习目标。步骤 1 示例中圈出的动词在这里加粗显示。请注意，表 1.2 示例是如何将标准分解成若干小的学习目标，这个标准由一个动词加一系列名词组成。注意每个学习目标之前的短语：学生将能够。

①指分数。——译者注

表 1.2 幼儿园英语语言文学的学习目标

基础——英语语言文学 年级：幼儿园
（CCSS.ELA–Literacy.RL.K.3）：根据提示和帮助，**认识**故事的人物、背景和主要事件 （CCSS.ELA–Literacy.RL.K.1）：根据提示和帮助，**提问**并**回答**关于文本主要内容的问题
学习目标 学生将能够：
◇**认识**故事人物 ◇**认识**故事背景 ◇**认识**故事主要事件 ◇**提问**关于文本主要内容的问题 ◇**回答**关于文本主要内容的问题

表 1.3 展示如何将两个中学数学标准的基本知识和技能划分成七个单一学习目标。编制学习目标的过程，无论你是单独进行还是与同事一起进行，都将帮助你更直接地关注课程规划和评价，并在课程和单元的学习中为学生提供更多细分的学习目标。

表 1.3 中学数学的学习目标

中学——数学 年级：八年级
（CCSS.Math.8.NS.A.1）：**知道**非有理数的实数为无理数。初步**理解**每个实数都可以用小数表示，有些有理数可以**表示**为无限**循环**小数，同时，无限**循环**小数可以**转化**为有理数 （CCSS.Math.8.NS.A.2）：**使用**无理数的有理近似值来**比较**无理数的大小，在数轴上大致**定位**并**估计**表达式的值（例如，π^2）
学习目标 学生将能够：
◇**知道**非有理数的实数为无理数 ◇初步**理解**每个实数都可以用小数表示 ◇**指出**有些有理数为无限循环小数 ◇无限循环小数可以**转化**为有理数 ◇**使用**无理数的有理近似值来比较无理数的大小 ◇在数轴上大致**定位**无理数 ◇**估计**无理数表达式的值（例如，π^2）

表 1.4 展示如何将三个高中生物标准划分成五个学习目标。

表 1.4　高中生物的学习目标

高中——生物　　年级：九年级至十二年级 （CPALMS: Life Science SC.912.L.14.2）：将植物和动物细胞的结构和功能**相联系**。**解释**细胞膜作为高选择性屏障（被动运输和主动运输）的作用 （CPALMS: Life Science SC.912.L.14.3）：**比较**和**对比**植物和动物细胞的一般结构。**比较**和**对比**原核细胞和真核细胞的一般结构 （CPALMS: Life Science SC.912.L.14.4）：**比较**和**对比**不同型号的显微镜的结构和功能
学习目标 学生将能够：
◇将植物和动物细胞的结构和功能**相联系** ◇**解释**细胞膜作为高选择性屏障（被动运输和主动运输）的作用 ◇**比较**和**对比**植物和动物细胞的一般结构 ◇**比较**和**对比**原核细胞和真核细胞的一般结构 ◇**比较**和**对比**不同型号的显微镜的结构和功能

步骤 3：剖析基础目标。在上一步骤中，你根据标准中加粗显示的动词将课程标准转换为一组细分的学习目标。在某种意义上，加粗显示的动词似乎为你和学生提供了一个快速待办事项列表。但是，这并不意味着你现在已经拥有了开始规划课程所需的所有信息。在这一步骤中，你必须通过将这些目标分割成另一组基础目标来重新定义或设计这些细分的学习目标。

基础目标包含课程标准中没有明确陈述的基础知识和基本过程。剖析基础目标将说明学生达到标准的学习目标需要掌握的基础知识。值得一提的是，基础目标的思维水平较标准和学习目标要求的思维水平认知程度低。

为了编制基础目标，应剖析标准中的陈述性知识或名词，以揭示学生需要了解和实现学习目标所需的所有词汇、关键概念和基本过程。表 1.5、表 1.6 和表 1.7 中的三个例子展示如何为之前确定的标准编制基础目标。请注意第一行对标准进行重述，能够不断提醒你持续关注每个标准的意图和范围。

当你阅读以下三组例子的基本过程时，请注意重构为基本过程的目标是在上一步骤中标记为学习目标的相同目标。回想一下之前的陈述：编制学习目标是为了编制表现量规。当你学习了如何编制表现量规时，有关编制目标这一步骤的问题都会得到回答。

表 1.5 显示了基础目标中的两种知识。陈述性知识位于左列，被称为基础知识；程序性知识位于右列，被称为基本过程。基础目标由学生必须理解的基础知识和必须能够实施的基本过程组成。

表 1.5　幼儿园英语语言文学的基础目标

基础——英语语言文学　　年级：幼儿园 （CCSS.ELA-Literacy.RL.K.3）：根据提示和帮助，**认识**故事的人物、背景和主要事件 （CCSS.ELA-Literacy.RL.K.1）：根据提示和帮助，**提问**并**回答**关于文本主要内容的问题	
基础知识 **学生将理解：**	**基本过程** **学生能够：**
◇词语：故事、背景、人物、事件、提问、回答、细节、问题、文本 ◇故事人物 ◇故事背景 ◇故事主要事件	◇**认识**故事人物 ◇**认识**故事背景 ◇**认识**故事主要事件 ◇**提问**关于文本主要内容的问题 ◇**回答**关于文本主要内容的问题

表 1.6 显示中学数学的基础目标。和前文表中一样，动词加粗显示，以便你在编制基础目标时将其置于思维的最前端。

表 1.6　中学数学的基础目标

中学——数学　　　　　　　　年级：八年级	
（CCSS.Math.8.NS.A.1）：**知道**非有理数的实数为无理数。初步**理解**每个实数都可以用小数表示，有些有理数可以**表示**为无限**循环**小数，同时，无限**循环**小数可以**转化**为有理数 （CCSS.Math.8.NS.A.2）：**使用**无理数的有理近似值来**比较**无理数的大小，在数轴上大致**定位**并**估计**表达式的值（例如，π^2）	
基础知识 **学生将理解：**	**基本过程** **学生能够：**
◇词语：有理数、无理数、小数、转化、无限循环小数 ◇非有理数的实数为无理数 ◇每个实数都可以用小数表示 ◇有些有理数为无限循环小数 ◇无理数的有理近似值可以用来比较和估计大小 ◇无理数可以在数轴上定位	◇**知道**非有理数的实数为无理数 ◇初步**理解**每个实数都可以用小数表示 ◇**指出**有些有理数为无限循环小数 ◇无限循环小数可以**转化**为有理数 ◇**使用**无理数的有理近似值来**比较**无理数的大小 ◇在数轴上大致**定位**无理数 ◇**估计**无理数表达式的值（例如，π^2）

表 1.7 显示从三个高中生物标准中剖析的基础知识和基本过程。

表 1.7　高中生物的基础目标

高中——生物　　　　　　　　年级：九年级至十二年级	
（CPALMS: Life Science SC.912.L.14.2）：将植物和动物细胞的结构和功能**相联系**。**解释**细胞膜作为高选择性屏障（被动运输和主动运输）的作用 （CPALMS: Life Science SC.912.L.14.3）：**比较**和**对比**植物和动物细胞的一般结构。**比较**和**对比**原核细胞和真核细胞的一般结构 （CPALMS: Life Science SC.912.L.14.4）：**比较**和**对比**不同型号的显微镜的结构和功能	
基础知识 **学生将理解：**	**基本过程** **学生能够：**

（续表）

◇词语：植物细胞、动物细胞、真核细胞、细胞膜、高选择性屏障、可渗透性的、主动运输、被动运输、细胞壁、细胞质、核糖体、细胞核、核膜、核仁、色素、内质网、微管、微丝、液泡、线粒体、高尔基体、叶绿体、溶酶体、低渗、高渗、等渗溶液、成分、细胞器、染色体、磷脂、极性、分子、囊泡 ◇真核细胞的成分 ◇植物和动物细胞的结构和功能 ◇细胞膜是高选择性屏障 ◇物质进出细胞	◇将植物和动物细胞的结构和功能**相联系** ◇**解释**细胞膜作为高选择性屏障（被动运输和主动运输）的作用 ◇**比较**和**对比**植物和动物细胞的一般结构 ◇**比较**和**对比**原核细胞和真核细胞的一般结构 ◇**比较**和**对比**不同型号的显微镜的结构和功能

步骤 4：编制复杂认知目标。复杂认知目标是需要一定水平的处理或认知复杂性，促使学生更深入地探究课程标准内容的学习目标。起初，编制这种类型的目标似乎使人有点不自信，最简单的方法是首先仔细考虑你选择的标准，然后考虑这种标准可以在现实世界中运用的各种方式，再考虑如何让学生使用从学习目标中获得的知识和技能来深入探究学习内容并拓展他们的学习。参考表 1.8、表 1.9 和表 1.10 中的例子，并注意这些目标是如何要求学生以更高的思维水平参与学习而不是以实际的标准。这些目标的由来都不太明了，只有表 1.10 中的目标由强调真实世界的应用而形成。如果你想知道，例如表 1.8 中的复杂认知目标是如何从一组英语语言文学标准或表 1.9 中的复杂认知目标是如何从中学数学标准中衍生出来的，那么你就做好了进一步编制表现量规的准备。在你学习如何使用马扎诺的教育目标分类学（Marzano & Brown，2009）编制表现量规时，你将会更深入地探索编制复杂认知目标。这里有一个方法来解决你的问题。解决方案取决于表现量规水平与各种分类水平之间的关系。

表 1.8 显示从两个幼儿园英语语言文学标准中产生的复杂认知目标。虽然你可能并不确定“比较”和“对比”这两个词来自哪里，但你肯定能接受，对于 5 岁小孩来说，他们能比仅仅识别、确定人物或提问、回答问题承担更

具有挑战性的任务。

表 1.8　幼儿园英语语言文学的复杂认知目标

标准	复杂认知目标
（CCSS.ELA–Literacy.RL.K.3）：根据提示和帮助，**认识**故事的人物、背景和主要事件 （CCSS.ELA–Literacy.RL.K.1）：根据提示和帮助，**提问**并**回答**关于文本主要内容的问题	◇比较和对比故事的主要内容，包括人物、背景和主要事件

表 1.9 显示中学数学标准的复杂认知目标。与认知、理解、展示相比，让我们再花点时间来认识不断增加的评价复杂认知的难度。

表 1.9　中学数学的复杂认知目标

标准	复杂认知目标
（CCSS.Math.8.NS.A.1）：**知道**非有理数的实数为无理数。初步**理解**每个实数都可以用小数表示，有些有理数可以**表示**为无限循环小数，同时，无限循环小数可以**转化**为有理数 （CCSS.Math.8.NS.A.2）：**使用**无理数的有理近似值来**比较**无理数的大小，在数轴上大致**定位**并**估计**表达式的值（例如，π^2）	◇调查有理数和无理数的应用属性（加、减、乘、除）结果

表 1.10 展示高中生物标准的复杂认知目标，期望学生以综合的调查方式来使用标准中的知识和技能。

表 1.10　高中生物的复杂认知目标

标准	复杂认知目标
（CPALMS: Life Science SC.912.L.14.2）：将植物和动物细胞的结构和功能**相联系**。**解释**细胞膜作为高选择性屏障（被动运输和主动运输）的作用 （CPALMS: Life Science SC.912.L.14.3）：**比较**和**对比**植物和动物细胞的一般结构。**比较**和**对比**原核细胞和真核细胞的一般结构 （CPALMS: Life Science SC.912.L.14.4）：**比较**和**对比**不同型号的显微镜的结构和功能	◇研究细胞成分用于医疗发展的方法

学习如何编制学习目标需要你投入一定的时间。但是，如果你和年级小组或部门合作，就可以更快地完成此过程，因为你们共同探索这些标准的目的。你们可以进一步讨论标准如何在课堂中呈现，然后完成编制目标的过程。这种活动和讨论将围绕教学培养起一种共识和语言。更重要的是，你所编制的学习目标将成为下一节中编制表现量规的重要组成部分。

编制表现量规

既然你已经熟悉了三种类型的学习目标，并且可以根据学生掌握的标准来编制学习目标，那么现在就可以将这些目标组织成表现量规了。表现量规是一个连续统一体，它清楚地说明与具体标准相关的不同层次的知识和技能。当按预期使用量规时，它能够推动课程、活动、作业和评价。如果你喜欢用一个简单的比喻来理解表现量规，那么就把它看作是一个路线图，指导你完成一整套课程或者单元教学。如果你更想用一个高级隐喻，那么就把它想象成一个教育性的 GPS，引导你和学生——让你们知道自己在学习之旅中的位置、距离目的地还有多远以及前方路况。如果你无意中错误地开启了学习之旅，表现量规还可以提醒你和学生需要重新计算或进行合理掉头。表现量规清晰地说明实现标准所需要的知识和技能水平，如果根据其适当的分类水平进行组织，就会成为学习进步的助力，引导你的学习之旅。

表现量规将学习目标组织成非常有用的结构，使教学更加显而易见。“当学生的学习目标以量规形式清晰地呈现时，教师和学生对这些学习目标的理解和表现就有了明确的方向。”（Marzano，2007，第 23 页）建构完善的量规可以帮助你更有效地进行教学，因为这些学习目标被组织到教学过程的序列中。当你认真执行时，一个构建完善的量规可以帮助你更有选择性地挑选布置的活动和任务，取消与标准不符的活动和任务。表现量规也可以作为反馈工具，帮助教师集中精力对个人或班级的表现作出及时反应。虽然量规可能需要一些时间才能编制完成，但实际上却可以节省整体时间，因为你可以更有效地关注你的计划、教学和评价。

所有学生都可以从明确的学习路径中获益，这种路径嵌入构建完善的表现量规。先前落后的学生开始学会把每天要在课堂上完成的任务、活动和评价建立联系，从而帮助他们达成具体的学习目标。当量规被用作反馈工具时，学生可以了解他们目前的表现水平以及接下来他们特别需要做些什么来继续推进学习目标的达成。学生还可以分享学习的挑战，采取自我评估和评价策略，制定检测错误的策略，体验高水平的自我效能，以解决更具挑战性的问题，从而掌握和深入理解学习内容。

要让学生在使用表现量规的过程中获得学习成果，首先你需要确定学习目标，并具体了解每项作业、任务和评价是如何引导学生达成学习目标的。然后，建立基于标准的课堂教学，使每项任务都符合引导学生掌握标准所要求的学习目标。你和你的学生都必须意识到这种一致性的重要性。这种意识水平的转变并不会很快发生，但这是一个值得你和同事进行的教学转变。

如何编制表现量规

在前面部分你学习如何编制三个层次的学习目标时，就已经介绍了编制表现量规的基础：（1）基础目标；（2）学习目标；（3）复杂认知目标。知识和技能是根据具体的标准确定的，反过来又产生了可操作的系列内容，由此你就准备好了将目标组织成表现量规。在编制量规时，根据需要可以查看表 1.1（第 4 页）中各种类型目标的定义。另外，收集你为特定标准开发的三组学习目标。在编制表现量规时，你会经常用到它们。本书编制的表现量规主要分为两部分：（1）编制表现量规的必备条件；（2）编制表现量规的步骤。

编制表现量规的必备条件

编制表现量规有三个必备条件：1）了解量规结构；2）了解马扎诺教育

目标新分类；3）基于你的量规，使用马扎诺教育目标新分类来确定复杂认知标准。

了解量规结构

要编制自己的表现量规，首先要了解量规的基本结构。量规有三个关键属性：①与达到标准相关的不同水平的知识和技能；②学习进程；③通常聚焦于一个课题上。

回想一下前面部分编制的三种类型的目标。表 1.11 展示目标类型如何纳入量规的指定水平。与标准的认知水平相一致的学习目标在量规中的水平为 3.0 级，基础目标和比较简单的内容置于 2.0 级，需要深入学习目标内容的推理和应用的复杂认知目标置于 4.0 级。表 1.11 是一种非常有用的资源，有助于你熟练编制各种层次的表现量规。

表 1.11　以量规来展示的不同目标类型及其释义

水平	目标类型	释义
4.0	复杂认知目标	高于标准中的认知水平目标，涉及深入推理和应用
3.0	学习目标	符合标准中的认知水平目标
2.0	基础目标	基于标准的目标（关键过程、必要的背景信息、基本词汇），在认知水平上低于标准的学习目标
1.0	在帮助下，在 2.0 级和 3.0 级内容上取得部分成功	
0.0	即使有帮助也没有取得成功	

了解马扎诺教育目标新分类

分类学是一个组织或分类系统。在编制表现量规的背景下，在特定认知系统中把四个级别的认知处理过程进行分类，称为“新分类”。如表 1.12 所示，每个级别都包含了几种思维过程。除提取这一级别外，所有进程都是互不相连进行的。

表 1.12 马扎诺教育目标新分类

知识运用 决策、解决问题、实验以及调查
分析 匹配、分类、分析错误、归纳以及说明
理解 整合、抽象化
提取 执行、回忆、识别

下文将从四个层面来指导你进行编制工作。

提取 新分类中的提取水平包含三种基本类型的思维过程：执行、回忆和识别。这些过程本质上是分级存在的。也就是说，为了让学生执行某种程序性知识，首先必须能够进行识别，然后回忆多个方面。当你使用新分类来确定特定标准的复杂性认知时，请保持提取级别的层次。值得一提的是，在这种思维层面上，不要期望学生能够深入学习知识或者是知识的基本结构。

理解 理解是超出提取级别的下一个级别。在认知水平上，学生能够整合知识并将知识抽象化，能够识别关键信息和基本信息，排除非关键或非基本的信息。

分析 新分类的第三级——分析涉及学生对知识的检查，期望产生新的结论。这就是知识的合理拓展之处，并且可以通过匹配、分类、分析错误、归纳以及说明等活动来实现。

知识运用 四个认知水平中最高和最复杂的认知水平是知识运用。这一层次的思维过程要求学生将知识应用于具体情境，包括决策、解决问题、实验以及调查。

使用马扎诺教育目标新分类来确定复杂认知标准

既然你开始了解如表 1.11 所示的表现量规的结构并正在掌握表 1.12 中的新分类，就对如何确定复杂认知的标准有了一个基本的了解。这个过程你要花费些时间，但也要知道如果一开始你不能专注于这个过程，通过指导还有机会。确定复杂认知的标准，首先要确定在学习目标中的动词所固有的思维过程，然后决定特定思维过程如何适应新分类中的某个级别。在你确定所有目标的分类级别后，与新分类中最高认知级别相匹配的一个或多个目标将自动生成为学习目标。虽然标准中有关学习目标的动词会引导你直接转入适当的分类级别，从而生成复杂认知的标准，但是不要忽视这些动词对象的重要性。它们之间可能存在细微差别，如果被忽视，可能会彻底改变标准的意图和认知水平。

例如，幼儿园英语语言文学标准例子中的两个学习目标：（1）提问关于文本主要内容的问题；（2）回答关于文本主要内容的问题。乍一看，“回答关于文本主要内容的问题”可能处在提取阶段（新分类的回忆层次）。然而，如果更仔细地重读学习目标，你会发现此目标中动词的对象“文本主要内容的问题”，比仅提取和回忆显示出更高级别的复杂认知。线索就在于短语“主要内容”。有兴趣回答主要内容问题的学生必须了解重要信息和微小细节之间的差异，达到认知水平较高的理解过程——整合。

花点时间回顾编制表现量规的三个必备条件：

◇了解表现量规如何结构化

◇了解新分类如何进行

◇了解如何使用新分类来确定复杂认知标准

编制表现量规的步骤

下面将通过使用示例和对各个步骤的深入解释来展示如何编制表现量规，需要组合表 1.11 和表 1.12。

如果你以前曾参加过关于如何编制目标和量规的培训，或曾与同事合作去编制表现量规，那么你可以准备好使用表 1.13“编制表现量规的快速指南”。不过，你仍然需要时间来回顾能够深入了解这个过程的表现量规的例子和解释。表 1.13 有点像与产品包装在一起的单页说明，以便那些已经知道基本信息并想尽快开始的消费者使用。

表 1.13　编制表现量规的快速指南

步骤	指南
1	在分类等级模板（表 1.14）中记录你从所选标准中提取的学习目标
2	使用新分类（表 1.12）确定所选标准中编制的所有学习目标的分类级别，并将其记录在分类等级模板的第二列（表 1.14）中
3	确定模板中处在新分类最高级别的目标，然后在分类等级模板的第三列中记录 3.0 级
4	在分类等级模板中确定剩余目标并记录为 2.0 级
5	在表现量规模板的第一行输入标准的完整文本（表 1.15）
6	将 3.0 级学习目标从分类等级模板中转移到 3.0 级表现量规模板中，位于“学生能够”的下方。在每个学习目标中加粗动词
7	将 2.0 级学习目标从分类等级模板中转移到 2.0 级表现量规模板中，记录在“学生能够”下方
8	整合之前确定的基础目标，将其重新认定为基础知识和基本过程，并将其纳入表现量规模板中的 2.0 级。在“学生将理解”下方记录基础知识，在“学生能够”下方记录基本过程
9	整合之前确定的复杂认知目标，并将其记录在表现量规模板的 4.0 级

表 1.13 中的快速指南含有两个模板：分类等级模板（表 1.14）和表现量规模板（表 1.15）。表 1.14 是你最后需要独立完成的表格的空白副本，也是编制表现量规的必备条件。

表 1.14 分类等级模板

学习目标	分类等级	量规等级

表 1.15 是你最后需要独立完成的表格的空白副本。

表 1.15 表现量规模板

标准	
4.0	学生能够：
3.0	学生能够：
2.0	学生能够识别或回忆的具体词语： 学生能够：
1.0	在帮助下，在 2.0 级内容和 3.0 级内容取得部分成功
0.0	即使提供帮助，也没有成功

表 1.13 中的快速指南告诉你编制表现量规所需要做的一切，包括如何完成两个模板（表 1.14 和表 1.15）。但是，它们不会告诉你为什么要这样做。从大的方面来看，需要使用以下四个步骤来构思这个过程。

编制表现量规有四个步骤：（1）确定目标的分类等级；（2）确定目标的量规水平；（3）整合之前确定的基础目标；（4）插入之前确定的复杂认知目标。

步骤 1: 确定目标的分类等级。编制表现量规的第一步是确定从标准中创建的所有学习目标的分类等级。这涉及要分析达到标准规定的水平所需的动词。

表 1.16 提供本书示例的基础英语语言文学学习目标的分类等级。请注意：学习目标中的动词用粗体显示，它们包含了确定分类等级所需要的信息。

表 1.16　幼儿园英语语言文学学习目标的分类等级

学习目标 基础——英语语言文学	分类等级	量规等级
认识故事人物	提取：识别	2.0
认识故事背景	提取：识别	2.0
认识故事主要事件	提取：识别	2.0
提问关于文本主要内容的问题	理解：整合	3.0
回答关于文本主要内容的问题	理解：整合	3.0

将学习目标中的动词与新分类中的四个等级进行比较，并确定哪个分类等级与该动词最匹配。例如，在表 1.16 中，三个学习目标中的动词“认识”与新分类中提取级别的低阶思考步骤“识别”相关。该分类等级记录在表 1.16 的前三行中。表 1.16 中的动词“提问”和“回答”与新分类中的“理解：整合”相关。

步骤 2：确定学习目标的量规水平。编制表现量规的第二步是确定各种学习目标的量规水平，这可以通过确定与最高分类级别相关联的学习目标来实现。表 1.17 提供了一个例子来说明如何进行这一步骤。

表 1.17　中学数学学习目标的分类等级

学习目标 中学——数学	分类等级	量规等级
知道非有理数的实数为无理数	提取：回忆	2.0
初步**理解**每个实数都可以用小数表示	理解：整合	2.0
指出有些有理数为无限循环小数	提取：执行	2.0
无限循环小数可以**转化**为有理数	提取：执行	2.0
使用无理数的有理近似值来**比较**无理数的大小	分析：匹配	3.0
在数轴上大致**定位**无理数	提取：执行	2.0
估计无理数表达式的值（例如，π^2）	分析：说明	3.0

请注意在表 1.17 中，在分析层面有两个学习目标——匹配和说明，剩下的目标与较低的认知水平相关，即提取：回忆、执行；理解：整合。

为学习目标分配量规等级的指导原则是：新分类中最高认知水平的学习目标定位在表现量规的 3.0 级上。如在表 1.17 中，标准的认知水平与新分类的分析水平相关，即分析：匹配、说明。

表 1.18 提供了一个示例，其中大多数编制的学习目标都定位在表现量规的 3.0 级上。五个学习目标中的四个与新分类中的“分析：匹配”水平相关。如果你需要阐述清楚，请参阅表 1.12，回顾一下如何确定学习目标的认知水平。

表 1.18 高中生物学习目标的分类等级

学习目标 高中——生物	分类等级	量规等级
将植物和动物细胞的结构和功能**相联系**	分析：匹配	3.0
解释细胞膜作为高选择性屏障（被动运输和主动运输）的作用	理解：整合	2.0
比较和**对比**植物和动物细胞的一般结构	分析：匹配	3.0
比较和**对比**原核细胞和真核细胞的一般结构	分析：匹配	3.0
比较和**对比**不同型号的显微镜的结构和功能	分析：匹配	3.0

步骤 3：整合之前确定的基础目标。在编制学习目标时，整合之前确定的基础目标发生在第三步中。在编制基础目标时确定的词汇和基本过程，应纳入表现量规的 2.0 级。与此同时，在上一步骤中与分类等级中较低认知水平相关的学习目标也应纳入 2.0 级。

表 1.19 展示已纳入完整的高中生物表现量规（见表 1.20）的基础知识和基本过程。

表 1.19　高中生物的基础目标

<table>
<tr><td colspan="2">高中——生物　　年级：九年级至十二年级
（CPALMS: Life Science SC.912.L.14.2）：将植物和动物细胞的结构和功能相联系。解释细胞膜作为高选择性屏障（被动运输和主动运输）的作用
（CPALMS: Life Science SC.912.L.14.3）：比较和对比植物和动物细胞的一般结构。比较和对比原核细胞和真核细胞的一般结构
（CPALMS: Life Science SC.912.L.14.4）：比较和对比不同型号的显微镜的结构和功能</td></tr>
<tr><td>基础知识
学生将理解：</td><td>基本过程
学生能够：</td></tr>
<tr><td>◇词语：植物细胞、动物细胞、真核细胞、细胞膜、高选择性屏障、可渗透性的、主动运输、被动运输、细胞壁、细胞质、核糖体、细胞核、核膜、核仁、色素、内质网、微管、微丝、液泡、线粒体、高尔基体、叶绿体、溶酶体、低渗、高渗、等渗溶液、成分、细胞器、染色体、磷脂、极性、分子、囊泡
◇真核细胞的成分
◇植物和动物细胞的结构和功能
◇细胞膜是高选择性屏障
◇物质进出细胞</td><td>◇将植物和动物细胞的结构和功能相联系
◇解释细胞膜作为高选择性屏障（被动运输和主动运输）的作用
◇比较和对比植物和动物细胞的一般结构
◇比较和对比原核细胞和真核细胞的一般结构
◇比较和对比不同型号的显微镜的结构和功能</td></tr>
</table>

表 1.20 展示一个完整的高中生物标准的表现量规，表 1.19 中的基础知识已被纳入 2.0 级水平。该知识包括学生需要理解的术语和概念，这些术语和概念是通过阅读、实验获得的，在教学中要求能够识别或回忆。请注意，基础词语后面的四个要点已经被重新定义为学生在基础水平能够完成的过程，包括识别和描述各种概念。在标准的认知层面上，表 1.19 中的基本过程被重新定义为表现量规的 3.0 级学习目标。

表 1.20 高中生物的表现量规

4.0	学生能够： **研究**细胞成分用于医疗发展的方法
3.0	学生能够： ◇**比较**和**对比**植物和动物细胞的一般结构（SC.912.L.14.3） ◇**归纳**植物和动物细胞的结构和功能之间的联系（SC.912.L.14.2） ◇**比较**和**对比**原核细胞和真核细胞的一般结构（SC.912.L.14.3） ◇**区别**主动运输和被动运输（SC.912.L.14.2） ◇**解释**细胞膜作为高选择性屏障的作用（SC.912.L.14.2） ◇**比较**和**对比**不同型号的显微镜的结构和功能（SC.912.L.14.4）
2.0	学生能够识别或回忆具体词语，包括： ◇植物细胞、动物细胞、真核细胞、细胞膜、高选择性屏障、可渗透性的、主动运输、被动运输、细胞壁、细胞质、核糖体、细胞核、核膜、核仁、色素、内质网、微管、微丝、液泡、线粒体、高尔基体、叶绿体、溶酶体、低渗、高渗、等渗溶液、成分、细胞器、染色体、磷脂、极性、分子、囊泡 此外，学生能够**识别**或**回忆**具体前缀： ◇ cyto-, nuc-, chroma-, micro-, mito-, vac-, chloro-, lyso-, hypo-, hyper-, iso-,pro-, eu-, trans- 学生能够： ◇**认识**真核细胞的成分（细胞壁、细胞质、核糖体、细胞核、核膜、核仁、色素、内质网、微管、微丝、液泡、线粒体、高尔基体、叶绿体、溶酶体）（SC.912.L.14.3） ◇**描述**植物和动物细胞的结构和功能之间的联系（SC.912.L.14.2） ◇**描述**细胞膜如何成为高选择性屏障（SC.912.L.14.2） ◇**认识**物质如何进出细胞（主动运输和被动运输）（SC.912.L.14.2）
1.0	在帮助下，在 2.0 级内容和 3.0 级内容取得部分成功
0.0	即使提供帮助，也没有成功

在编制表现量规时，要确保从基础目标到学习目标是以清晰而全面的思维过程进行的。目标所要求的不同处理水平之间应该具有联系性。我们可以使用以下准则来达到：

◇如果确定学习目标处在新分类的分析水平或更高的水平，则基础目标必须包括处理过程中的提取和理解水平。以中学数学学习目标的分类等级（表1.17）和其相应的表现量规（表1.21）为例进行比较。

表 1.21 中学数学的表现量规

<table>
<tr><td colspan="2">中学——数学　　　　年级：八年级
（CCSS.Math.8.NS.A.1）：知道非有理数的实数为无理数。初步理解每个实数都可以用小数表示，有些有理数可以表示为无限循环小数，同时，无限循环小数可以转化为有理数
（CCSS.Math.8.NS.A.2）：使用无理数的有理近似值来比较无理数的大小，在数轴上大致定位并估计表达式的值（例如，π^2）</td></tr>
<tr><td>4.0</td><td>学生能够：
◇调查有理数和无理数的应用属性（加、减、乘、除）结果</td></tr>
<tr><td>3.0</td><td>学生能够：
◇使用有理近似值来比较无理数的大小
◇估计无理数表达式的值（例如，π^2）</td></tr>
<tr><td>2.0</td><td>学生能够识别或回忆具体词语，包括：
◇有理数、无理数、小数、转化、无限循环小数
学生能够：
◇初步理解每个实数都可以用小数表示
◇在数轴上大致定位无理数
◇无限循环小数可以转化为有理数
◇指出有些有理数为无限循环小数
◇知道非有理数的实数为无理数</td></tr>
<tr><td>1.0</td><td>在帮助下，在 2.0 级内容和 3.0 级内容取得部分成功</td></tr>
<tr><td>0.0</td><td>即使提供帮助，也没有成功</td></tr>
</table>

◇如果学习目标处于整合的理解水平，则基础目标必须包括新分类中提取水平的知识和技能。以比较表 1.16 和表 1.22 中幼儿园英语语言文学学习目标的分类等级及其相对应的表现量规为例。

表 1.22 幼儿园英语语言文学的表现量规

<table>
<tr><td colspan="2">基础——英语语言文学　　年级：幼儿园
（CCSS.ELA-Literacy.RL.K.3）：根据提示和帮助，认识故事的人物、背景和主要事件
（CCSS.ELA-Literacy.RL.K.1）：根据提示和帮助，提问并回答关于文本主要内容的问题</td></tr>
<tr><td>4.0</td><td>根据提示和帮助，学生能够：
◇比较和对比故事的主要内容，包括人物、背景和主要事件</td></tr>
<tr><td>3.0</td><td>根据提示和帮助，学生能够：
◇提问并回答关于文本主要内容的问题
——故事人物
——故事背景
——故事主要事件</td></tr>
<tr><td>2.0</td><td>学生能够识别或回忆具体词语，包括：
◇故事、背景、人物、事件、提问、回答、细节、问题、文本
根据提示和帮助，学生能够：
◇回答教师提出的关于文本主要内容的问题
——认识故事人物
——认识故事背景
——认识故事主要事件</td></tr>
<tr><td>1.0</td><td>在帮助下，在 2.0 级内容和 3.0 级内容取得部分成功</td></tr>
<tr><td>0.0</td><td>即使提供帮助，也没有成功</td></tr>
</table>

步骤 4: 插入之前确定的复杂认知目标。编制表现量规的最后一步是将更为严格的目标放在量规的最高水平上。这些目标将学习进程的水平提高到超出学习目标，要求学生对标准的内容进行应用和整合。回忆之前展示的三个表现量规，注意其中 4.0 级目标是如何根据标准的复杂认知而变化的。在幼儿园水平中，英语语言文学水平 4.0 级的目标是“比较和对比故事的主要内容，包括人物、背景和主要事件”。3.0 级目标的复杂认知提供了标准的预期，而 4.0 级的目标必须设置在 3.0 级目标基础之上。

中学数学表现量规的 4.0 级目标是“调查有理数和无理数的应用属性（加、

减、乘、除）结果”。3.0 级目标的复杂认知与新分类的分析水平相关。这就直接决定了 4.0 级目标应在知识运用水平上进行实施，即在“知识运用：调查”这个复杂认知目标的水平上。

高中生物表现量规的 4.0 级目标是“研究细胞成分用于医疗发展的方法”。生物标准 3.0 级目标的复杂认知与新分类的分析水平相关。如在中学的量规中，3.0 级分析的复杂认知决定了在“知识运用：调查”水平上编制一个复杂认知的目标。

综上所述，编制表现量规的过程主要包括确定标准的分类水平和教师编制的学习目标，并对这些目标进行排序，从而编制在认知过程中进行学习的连续体。

量规中 3.0 级包含展示复杂认知标准所需的技能。2.0 级包含达成学习标准的基础知识和基本过程，由 3.0 级以下的认知过程组成。4.0 级则包括加深思维水平的知识和技能，或是在更复杂的内容下，改变标准所适用的背景知识。

第二部分

使用学习目标和表现量规

基于渴望在课堂上找到实施学习目标和表现量规的方法，如果你跳过本书的第一部分进入第二部分，那么这部分不会让你失望。希望你对如何编制目标和量规已经有了深刻的了解。有效地实施取决于你有多用心去了解如何根据所选标准编制有效的目标和量规。

有许多方法可以帮助你的学生了解和使用学习目标和表现量规，使得他们在学习中更加自律和独立。你所选择的用于解释目标和量规的方法，是教学工具中一个不可或缺的组成部分，它会随着你在课堂中实施的策略而不断变化和改进。这些不同的方法被称为教学方法：

◇教学方法 1：使用学习目标和表现量规的惯例

◇教学方法 2：使用教师编制型量规

◇教学方法 3：使用易于学生理解型量规

◇教学方法 4：使用学生生成型量规

以上所有教学方法的组织架构相似，都包含以下部分：

◇教学方法简介

◇有效创制教学方法的途径

◇在教学方法实施过程中要避免的常见错误

◇中小学课堂中使用基于不同学科标准的学习目标和表现量规的正例与反例

◇对预期结果进行监控的方法

◇监控学生的量规

◇开展支架教学和拓展教学满足学生的需求

教学方法 1　使用学习目标和表现量规的惯例

表现量规及其所依据的一系列学习目标的有效实施，取决于你能够准确地了解如何以清晰且易于理解的方式将这些工具的意图和价值传达给学生。最有效的方法是通过使用各种惯例，将量规和目标的各个方面传达给学生。本部分是教师在教学过程中帮助学生准确理解量规和目标是什么、为什么和怎么样，帮助学生了解惯例是什么、为什么要实施以及如何使用，这是在课堂中使用目标和量规的前提。

如何有效使用课堂惯例来实施目标和量规

有五个惯例可以帮助你和学生实现目标和量规的作用，以确保学生掌握关键内容。

1. 解释目标和量规是什么、为什么、怎么样

是什么：目标和量规是传达学习预期的工具，能够根据内容详细介绍学习的过程，引导学生取得成功。

为什么：目标和量规提供了学习的重点方向和结构，使得学习显而易见。这些工具帮助学生增强自我调节学习的能力，不断提高思维，最终能够掌控自己的学习。

怎么样：以下是一些有用的提示，展示如何向学生解释目标和量规是什么、为什么以及怎么样。

◇在实施初期多花时间在给学生解释上。

◇仔细选择术语，并持续使用。

◇选择一个比喻，如一个量规就像一幅路线图，像我们的待办事项清单或者像一个码尺，可以用来衡量我们的学习情况。

◇保持介绍的简洁。不是每个学生都能在第一天就明白目标和量规的每个细微差别，你需要不断重复。记住这个惯例，使之成为你的一种教学习惯。

2. 让目标和量规浅显易懂

是什么：浅显易懂意味着需要做两件事，即（1）有现实的副本和制品，你和你的学生可易于解释、触及目标；（2）编制易于学生理解的量规，即使用简单的术语或图片来表达标准的意图，使得目标和量规的语言和结构容易理解。在教学期间，目标和量规的副本在任何时候都需触手可及，你和学生都应该根据需要经常查看这种工具。以量规形式展现的目标应该明确而简洁，以避免在参考时引起混淆或误导。

为什么：如果将使用表现量规发展成一种日常实践，那么表现量规的易理解性就不可或缺。如果你和学生不断地去使用量规，那么它将会成为一个常用文档。量规的易懂性可以提高熟悉程度，而熟悉程度又会促进日常的使用。当学生需要指导或解释时，他们可以学习由副本提供的结构，并参考具体的学习目标和量规来解决问题。

怎么样：以下是一些有用的提示，展示在课堂中如何使得学习目标和量规浅显易懂。

◇将当前学习目标和量规的副本张贴在某个地方以供参考。

◇为你的白板创建一个副本，以便你在教学时可以轻松指出。

◇如果学科语言太深，编制一个易于学生理解的量规，或者增加图形帮助学生理解目标。

◇将适用的学习目标添加到课堂活动和作业表中，帮助你和你的学生更容易理解。

◇为学生及其父母准备课堂讲义，其中包含学习目标和量规。要求学生在他们的学习笔记本中保存一份副本。

3. 课的开始和结束都聚焦于目标

是什么：要明确传达和强调日常教学的目的，以一个简短说明开始每节课，将这一天的课程与目标和量规相联系。当你结束课程时，要提醒学生目标内容，一起“将目标放回量规”。

为什么：在当天的学习内容与量规所含的学习目标之间建立联系，为学生提供方向和背景知识。如果教师能在学习目标和课程之间建立联系，那么学生就不用疑惑“为什么他们需要知道这一点”或者“什么时候要使用”。

怎么样：以下是一些有用的提示，展示如何以一个重点目标开始每门课程。

◇提供当天的课程概述，让学生告诉同伴课程目标是什么。

◇提供一份教学说明，告知学生课程重点。

◇参考前一日的学习目标，转入今日目标：昨天我们学习了（昨天的目标），今天我们将继续学习，重点关注（今天的目标）。

◇表达目标并在课程介绍中向学生提出你的期望：今天我们的课程关注（今天的目标）。在课程的最后，你们需确认与今天所做的（今天的目标）联系，所以让我们集中精力吧！

◇结束课程时回忆表现量规，将课程目标纳入量规的学习进程。

4. 将教学与目标相联系

是什么：需要有针对性的提醒，将教学、活动和作业与学习目标联系起来，以便将这一惯例融入您的课堂文化中。在课的开始简单地宣布学习目标是不够的，学习目标引导着学习的整个过程。

为什么：把教学和学生要完成的任务联系起来，有助于增强课堂活动与学习目标之间的联系。了解活动背后的目的往往会激励和增加学生认同学习并进行个性化学习的自主权。这种连续的再聚焦不仅能重新激发学生的兴趣，而且有助于他们整合学习过程，自我调节学习行为。

怎么样：以下是一些有用的提示，展示如何始终如一地使用与目标相关的教学惯例。

◇特意计划有针对性的提醒，可以通过在计划书中添加便签或设置定时器来有意识地提醒自己将教学与目标相关联。

◇悄悄地让一个可靠的学生定期举手回答问题：××先生，你现在谈论的内容和你上课开始时确定的学习目标有怎样的联系呢?

◇利用快速书写、小组讨论或其他活动将学习重点放在目标上，并且在活动和目标之间建立联系。

◇在课的开始向学生提出挑战，让他们写下课程与学习目标之间的任何一种联系，给能够发现联系的学生提供额外的学分。

5. 参考量规的学习进程

是什么：始终如一地培养学生建立这样一种意识，即他们的学习是如何建构接近最终目标的。量规导航学习进程，提供学生需要遵循的步骤，以促进他们对标准所要求掌握内容的理解。

为什么：不要孤立地教授学习目标。学生既要了解学习目标和课堂活动之间的联系，也要了解目标之间的联系在促进他们对内容理解时的作用。始终提醒学生综观全局，并根据需要进行多次解释，他们必须掌握 2.0 级的目标是为了达到 3.0 级的学习目标。你对量规学习进程的熟练掌握能够激励学生并灌输一种积极向上的心态。

怎么样：以下是一些有用的提示，展示如何始终如一地使用量规导航学习进程的惯例。

◇询问学生他们正在做的活动与以前学到的知识以及未来的学习目标有怎样的联系。

◇鼓励并期望学生获得学习的自主权，将他们获得的知识与量规的学习进程相关联，以确定妨碍学生成功掌握学习目标的弱点或可能存在的误解。

◇要求学生总结他们在一段时间内学到的知识，将其与量规中显而易见的学习进程相关联。

◇设计与量规中学习进程相关的特定活动，例如使用表现量规来进行考前复习。

◇在磁性白板上创建表现量规的模板，整个教学过程通过白板展示量规。所编制的目标可以磁性固定在白板上。

◇用手移动当天的课程目标，将其展示给学生，提示学生课程的重点。

◇在课程结束时，对照学习目标，确定学生达到量规中哪一水平。

常见错误

在实施量规及其目标的过程中，使用课堂惯例需要深思熟虑的计划，以确保传达这些目的的方式和这些工具的使用给学生带来最有益的结果。编制这些惯例时最常见的错误是：

◇当第一次向学生介绍学习目标和量规时，老师不会解释目的是什么，或者惯例是什么、为什么、怎么样。

◇教师没有有意识地示范如何使用学习目标和表现量规作为教学资源的工具。

◇教师花费过多时间给学生灌输过多的信息，而不是提供简单的概述或简要说明所使用的工具。

◇教师没有意识到将教学和学习目标相联系，或者用量规导航学习进程。

◇教师没有让学习目标和量规适用于所有学生。

使用课堂惯例实施目标和量规的正例与反例

以下正例和反例展示出通过使用课堂惯例将学习目标和量规整合到课堂交流中的方法。正如你所看到的，思考教师如何有效地使用惯例的正例，以及他们的同事如何犯下严重错误的反例。

使用课堂惯例实施目标和量规的小学正例

这个课堂教学案例中的标准重点要求学生能够使用从插图（例如地图、照片）中获得的信息以及文本中的词语来展示对文本的理解（CCSS.ELA-Literacy.RI.3.7）。这个三年级课堂的教师一直关注于标准的学习目标，如表

2.1.1 所示。

表 2.1.1　小学文本结构和特征的表现量规

小学——英语语言文学　　年级：三年级 （CCSS.ELA-Literacy.RI.3.7）：使用从插图（例如地图、照片）中获得的信息以及文本中的词语来展示对文本的理解（例如在哪里、什么时候、为什么、主要事件怎样发生）	
4.0	学生能够： ◇**创建**一个与所选文本相对应的适当的文本特征，并解释它是如何有助于理解文本的
3.0	学生能够： ◇通过以下方式展示对文本的理解： ——**使用**从插图中获得的信息 ——**使用**从文本词语中获得的信息
2.0	学生能够**识别**或**回忆**具体词语，包括： ◇信息、地图、照片、坐标图、曲线图、图像、小册子、时间轴 学生能够执行基本过程，例如： ——**认识**具体的文本特征 ——**描述**文本特征的目的 ——**解释**具体图像是如何阐明文本的 ——**解释**具体图像是如何辅助文本的
1.0	在帮助下，在 2.0 级内容和 3.0 级内容取得部分成功
0.0	即使提供帮助，也没有成功

教师已经把量规展示在白板上。今天，教师会集中精力指导学生在任务、学习目标和量规之间建立联系，而这些任务是学生在过去的一周里一直在努力完成的。教师已经准备了任务卡，并在每张卡的顶部确定了适当的学习目标及其所处水平。以下是她对课程的介绍：

同学们，我们一直在研究与文本特征相关的各种活动。现在，你们可以看到我手中举起的一叠任务分配卡。在过去一周内，你们已经完成了这些任务。这些任务中的每一项都与我们量规中的一定水平相关。其中，有些任务是2.0级，有些是3.0级，还有一些是4.0级。

我要举起学习目标旁的一张卡。当我数到3时，你们要根据任务的认知水平，用手指表示这项任务的级别。

教师拿起一张对应于3.0级的活动卡，上面写着“使用从插图中获得的信息”。大多数的学生能够识别出这是3.0级的活动。然后，教师向学生展示2.0级的活动，并再次要求他们竖起手指表示任务的级别。接着，教师继续问学生：

2.0级和3.0级的活动之间有什么区别？与你的伙伴谈谈这个区别。当我四处走动并倾听你们的谈话时，我听到了艾米丽告诉她的伙伴2.0级和3.0级的活动之间的差异。艾米莉，你能和大家分享一下吗？

艾米莉回答：“2.0级的任务是我们正在学习的计划，我们只需要学习其中我们不了解的内容。而对于3.0级的任务，我们必须去运用我们学到的内容。”教师继续说道：

好想法！今天我们将更深入地学习文本特征，并能创建一个与某文本相关的文本特征。我们会进行4.0级的任务，并灵活使用从2.0级和3.0级学到的所有知识和技能。现在，我还没有告诉你们文本内容，但我很快就会说的。

教师在教室的前面摆放了许多文本特征的样本，帮助学生完成这个复杂认知任务。

使用课堂惯例实施目标和量规的小学反例

在反例中，三年级的教师在课堂案例中使用相同的标准和表现量规。教师汇集了这些文本特征的各种例子，而学生们已经完成了与学习目标相关的活动，活动数量与课堂正例中的一样。教师以这种方式开始上课：

> 同学们，早上好！今天我们要来认识文本特征。我会给你们一些文本进行阅读，然后你们去发现其中的文本特征，并解释它如何帮助读者来理解文本。请大家进入各自的小组，开始吧！

反例中，教师假定学生有很多知识和理解，但事实上学生可能有，也可能没有。如果教师没有探究学生的思想，看看他们是否在课堂活动和量规之间建立联系，那么活动的目的可能就无法实现。

使用课堂惯例实施目标和量规的中学正例

这个中学例子的标准重点显示在表 2.1.2 教师编制的表现量规的顶部。学生已经收到了这个量规的副本，并把它们装订在自己的学习笔记本中。教师还编制了一个海报大小的版本，长期显示在公告板上。此外，教师还在白板上投影量规，以便在标准和表现量规的背景下，为今天的课堂教学设定目标。教师一直使用相同的惯例，将目标和量规融入到她的教学中。

表 2.1.2 中学文本阅读和理解的表现量规

<table>
<tr><td colspan="2">（TEKS ELAR 6.11）：阅读 / 理解说明文 / 议论文
学生对议论文进行分析、推理并得出结论，同时提供文本证据来支持自己的分析。学生预期要做到：
（A）比较和对比两位作者关于同一主题写作的结构和观点，注意论点和论据
（B）认识在议论文中使用的简单错误推理</td></tr>
<tr><td>4.0</td><td>学生能够：
◇作出决定并进行辩论，两位作者对同一主题撰写的两篇议论文，哪一个提供了最佳或最有益的信息</td></tr>
<tr><td>3.0</td><td>学生能够：
◇对议论文进行分析、推理和得出结论，并从文本中找出论据，以支持自己的分析
——比较和对比两位作者对同一主题的写作结构，注意论点和论据
——比较和对比两位作者对同一主题的写作观点，注意论点和论据</td></tr>
<tr><td>2.0</td><td>学生能够识别或回忆具体词语，包括：
◇错误推理、过度概括、不合逻辑的结论、个人偏见、作者的目的、陈述性目的、隐含目的、观点、议论技巧
学生能够：
◇使用阅读策略来辅助文本解读
◇认识论点
◇认识议论文中使用的简单错误推理
◇认识文本的结构（顺序、比较和对比、原因和影响、问题和解决方案以及描述）
◇描述作者如何使用结构和观点来影响特定观众的态度、情感和行为
◇解释基于观众、目的和信息的议论技巧的有效性</td></tr>
<tr><td>1.0</td><td>在帮助下，在 2.0 级内容和 3.0 级内容取得部分成功</td></tr>
<tr><td>0.0</td><td>即使提供帮助，也没有成功</td></tr>
</table>

目前课程的具体学习目标是 2.0 级：认识议论文中使用的简单错误推理。

学生之前已经了解了量规，并且一直在努力实现基础目标：使用阅读策略来辅助文本解读。

同学们，你们刚刚和合作伙伴一起阅读了摘录的短文，并且寻找了之前学到的各种类型的错误推理。现在，我想让你和你的伙伴谈一谈，并讨论以下问题：这个活动帮助你学到了什么？

教师在教室里走动，听取合作伙伴的对话，以确定学生是否能够将活动与量规中的适当目标相联系。当合作伙伴的谈话开始安静时，教师随机选择学生分享他们小组的反馈，以验证量规的正确目标和水平。教师继续说道：

同学们完成得很好！现在我想让你们考虑一下在下一个级别——3.0级中需要什么。你们需要学习什么才能实现这一目标？我想让你们告诉我今天的活动是如何与学习目标相关联的，你们还需要学习什么来达到下一个学习目标。将这些问题的回答快速写下来，我会把句子开头写在白板上来帮助你们集中思考。

教师在白板上写下下面的陈述：今天的活动涉及 ＿＿＿＿＿＿，因为我学了 ＿＿＿＿＿＿。为了继续推进我的学习，我现在需要 ＿＿＿＿＿＿。

教师收集并阅读学生所写内容，以确定学生是否可以解释活动是如何与学习目标相一致，学生是否明白下一步需要学习什么内容来达到学习目标。句子开头提供证据来表明学生是否使用目标和量规融入学习过程，并且自我调整对议论文的学习。

使用课堂贯例实施目标和量规的中学反例

在这个反例中，教师使用相同的量规来规划她的课程，并在墙上贴了一个副本以便查看。虽然在课堂上教师很少提及学习目标和量规，但是希望能够在需要时可以很快使用它们。学生在整个单元中完成了与上述案例课堂中相同的活动。

> 同学们，你们刚刚和合作伙伴一起阅读了摘录的短文，并且寻找了之前学到的各种类型的错误推理。在你的学习笔记本中，我希望你写下这个活动涉及哪个目标，并解释你为什么这么想。你可以随意使用放在教室里的量规，也可以回顾笔记本来寻求帮助。请你们花几分钟来整理一下自己的答案，当你完成时，请进行白板上列出的第二个活动。

教师没有给学生提供示范或机会，让他们在开始任务前分享自己的想法。此外，没有证据表明使用目标和量规的具体惯例已经建立起来，所以很多学生不了解应该如何使用该工具，而且在没有指导或帮助的情况下教师要求学生独立开展任务。如果学生之前从未使用过量规，那么就有可能无法将活动与相应的目标相联系。如果只是简单地张贴量规，而在以前的课程中没有对目标进行讨论或提及，那么学生无疑会感到焦虑。学生所制作的量规很可能无法准确地理解或连接到目标，并且由于缺乏具体惯例，学生表现出整合和自我调整能力的欠缺。

➔ 确定学生是否理解如何使用目标和量规

成熟的惯例有助于将学习目标和表现量规运用到日常教学中。一个有效的惯例可以通过使用目标和量规来建立学生自主学习过程，并且引导他们掌握自己的学习过程。要监控课堂中为使用目标和量规而开发的惯例是否能够帮助学生理解学习目标，以及学生是否能够说明量规所要求的学习目标、活动和学习进度之间的联系。下列一些学生的行为可以用来监控使用目标和量规的惯例是否为学习环境的创设提供基本方向和结构：

◇在没有提示的情况下，学生参照学习目标，回答教师提出的关于课程或活动中的问题。

◇在没有提示的情况下，学生参照各个目标的量规水平和学习进度，展示教学和学习是如何达成学习目标的。

◇学生可以口头解释或书面描述一堂课的目标重点。

◇学生的成果显示出量规中学习目标与学习进程之间显而易见的联系。

◇学生整合个人使用的工具，自主推动学习。

表 2.1.3 是一个能力量规，帮助你确定为使用目标和量规而开发惯例，从而对学生的学习产生影响。当你监控惯例对课堂的影响时，可以使用量规来优化教学实践。

表 2.1.3　学生理解使用目标和量规惯例的能力量规

新手入门	基本掌握	预期目标
学生回答学习目标与教学或活动的联系性	学生参考学习目标，认识学习目标与教学和活动的联系性	学生参考学习目标，认识学习目标与教学和活动的联系性，并使用该工具自我调整学习
学生断断续续使用该工具作为资源来支持日常学习	学生持续使用该工具作为资源来支持日常学习	学生使用该工具作为资源来支持日常学习，并能进行自我调整
学生认识到教学与内含在量规中的学习进程有关	学生可以解释教学如何与内含在量规中的学习进程相联系	学生可以解释教学及其个人学习如何与内含在量规中的学习进程相联系，并能进行自我调整

开展支架教学和拓展教学满足学生的需求

一方面，可能有些学生不理解在课堂上使用目标和量规的惯例开发，或者不明白如何使用该工具来自我调整学习；而另一方面，有些学生就很容易理解和使用这个工具。满足这两个不同群体学生的需求，你需要调整与该惯例相关的教学。以下是为学生提供帮助或拓展的一些建议。

支架教学

◇制作小巧、易于学生使用的重点目标副本,并粘贴在桌上以供学生参考。

◇要求学生志愿者建立惯例模型或咨询他们是如何使用该工具自我调整学习的。

◇向那些需要给予帮助才能将活动与目标或量规进程相联系的学生提供句子开头。

拓展教学

◇要求学生开发一个简单的惯例，并在需要时使用该工具进行帮助或指导，从而验证目标、活动和学习进程之间的联系。

◇要求学生创造一种结合目标和量规的方法来自我调整学习，而且其他学生也可以使用这种方法。

教学方法 2　使用教师编制型量规

到目前为止，教师已经在第一部分中学会了如何编制学习目标和表现量规,并在“教学方法1”中学会利用各种各样的课堂惯例,开始实施目标和量规。教学方法2，即使用教师编制的展现学习目标的表现量规，可以帮助教师将各种惯例整合在一起，形成一个连贯的整体，从而形成一种大局观。教师可以查看自己编制的任何表现量规，无论是学习内容较为简单的量规，如第一部分（见表1.22，第29页）所示，显示了幼儿园英语语言文学单元中的学习进度；还是学习内容较为复杂的量规，如将在接下来的例子中展现的高中生物表现量规（表2.2.3）。

一些教师把表现量规比喻为一幅可经常参考的路线图，即能够在学习之旅中引导自己和学生，最终达到一个具有挑战性的标准。而一些教师则认为量规是能够不断使用和调整的课堂活文件，特别是当教师发现需要添加额外的目标或子目标，以进一步支持量规上目标的学习。还有一些教师认为量规是一个日常的组织者，它提供了一个结构框架，让教师和学生在学习过程中保持专注。所有这些认识都包含了目标和量规的本质：确定学生达成标准需要知道并能够做到的内容，而这个标准组成了一个清晰的学习目标达成的进程。无论你倾向于哪种认识，请确保始终将注意力集中在学习目标上。

如何有效实施学习目标和表现量规

有效实施学习目标和表现量规意味着你能够越来越熟练地编制符合学生需求和特定标准的复杂认知的目标和量规。如果你编制的量规不严格并且没有忠实于标准的意图，那么你就不能有效地实施该方法。目标和量规的实施要求你参与以下关键的教师行为：（1）向学生介绍和解释目标和量规；（2）帮助学生熟悉量规；（3）在教学过程中不断地、密切地提及目标和量规；（4）在每节课中将活动与目标和量规相联系。

向学生介绍和解释目标和量规

现在，你已经编制了目标，并组织好了表现量规所指导的学习进程，可以开始考虑如何向学生介绍和解释目标和量规。这方面的实施对于整个教学策略的成功至关重要。

在第一次向学生介绍目标和量规的同时，要解释使用目标和量规的目的。回忆“教学方法 1”中引入的各种惯例，选择其中一个去实施。如果你选择运用比喻来组织讨论，请尽量简单化。对你产生共鸣的比喻，可能对你的学生是完全不可理解的。

当你在向学生介绍和解释目标和量规时，不要因为将重点突然转移到具体的内容而失去方向。在这一步骤，你的目的是通过一般的方式介绍和解释目标和量规。一旦学生掌握了以下两个观念，就可以进行内容教学：（1）目标是在课程或单元结束时需要学习或完成的事情；（2）量规展示了学习进程。快速初步地介绍和解释一下目标和量规，使每个学生理解学习目标中的意义和期望。

最后，学生会了解 2.0 级基础目标如何与 3.0 级学习目标甚至 4.0 级复杂认知目标相联系。但前提是，在一开始你的解释要直接和明确。

帮助学生逐步适应使用目标和量规的挑战

当你向学生实施一项新方法时，常常充满积极性，因此很可能会错误地尝试在一个信息冗杂的 45 分钟介绍中企图告诉学生所需要知道的一切。但是，请确保你所编制的量规或准备的易于学生理解的量规不会压垮学生。回想一下，在你开始学习如何编制目标和量规时，自己当时的困惑和沮丧。如果你尝试让学生同时做太多的事情，你的学生也可能会产生类似的情绪。如果你对学生没有进行严格训练，学生一看见含有陌生术语和多个目标的量规，会很容易拒绝执行。记住，学生都想要在学校取得成功，尽管他们有些行为背道而驰，但是如果在第一次介绍目标和量规时就使其显得难以达成，学生很快就会陷入焦虑。

在教学过程中不断地、轻松自如地且密切地提及目标和量规

一旦你向学生介绍了你编制的量规，然后逐渐实施，那么你就要警惕任何可能轻而易举颠覆实施过程的干扰或紧急事项。也就是说，在介绍过后，使用目标和量规必须成为日常教学的一部分。

为了有效地实施目标和量规，在每堂课中要不断地、轻松自如地且密切地提及它们。这在实现方面无疑是困难的。使用“教学方法 1”中介绍的一个或两个惯例可以帮助你保持专注。“不断”意味着在每一节课中要提及量规的一个目标或方面。“轻松自如”意味着你已经内化了本书所基于的教学策略——编制与使用学习目标和表现量规。“密切”意味着学生已经习惯你提及目标和量规，并开始在自己的答案和讨论中使用量规的思维和语言。

请记住，学生对标准理解的质量和深度以及他们对标准的最终掌握在很大程度上取决于你对关键内容与学习目标以及量规的学习进程之间关系的不断地、轻松自如地且密切地示范。

在每节课中将活动与目标和量规相联系

作为一名教师新手，你很可能会记得曾花几个小时努力编制的材料和活动，最后对学生达成标准没有任何贡献。有效执行目标和量规的第一个秘诀是确保学生在课堂中参与的每项活动和任务都是有针对性的，并且与量规的具体目标相一致。成功的第二个秘诀是帮助学生了解意图和量规目标的一致性。在课堂上习惯了无计划和不连贯活动的学生，一旦教师揭示了一切是如何联系起来的并逐渐建立起最终的目标，他们就会变得非常兴奋，感觉有能力掌控自己的学习。

常见错误

以下是教师在课堂中实施他们编制的学习目标和量规时所犯的一些常见错误：

◇教师简单地张贴或分发学习目标和量规的副本而没有进行充分的解释。

◇教师混淆了介绍量规和教授内容两个步骤。

◇教师花大量时间教授量规，而不是在课程开始之初进行介绍或简单提及。

◇教师以给学生造成焦虑的方式介绍或讨论学习目标和量规的学习进程。

◇教师没有以帮助学生理解学习目标和量规的方式解释学习目标和量规的学习进程之间的关系。

◇教师没有在课程中不断地和密切地提及学习目标和量规的学习进程之间的关系。

◇教师没有在课堂中将学生的活动与学习目标和量规的任务联系起来。

◇教师没有参与和期望学生展示他们对学习目标和量规的理解。

使用学习目标和表现量规的正例与反例

以下是两组正例和反例来说明如何在课堂中实施你编制的目标和量规。在你阅读示例时，请注意反例中的教师所犯的常见错误，并考虑你可以从正例中的教师那里获得哪些启示并运用到自己的实施过程中。

使用学习目标和表现量规的基础教育正例

这个基础教育示例中的学习目标是从以下幼儿园数学标准中提取的：（1）一个一个或十个十个计数到 100（CCSS.Math.K.CC.A.1）；（2）在已知的数列中，从给定的数字开始计数，而不是从 1 开始（CCSS.Math.K.CC.A.2）；（3）从 0 写到 20，用写下的数字 0—20 代表一些对象，0 表示不计数对象

（CCSS.Math.K.CC.A.3）。

根据表 2.2.1 中的标准编制了一个表现量规后，教师要对其进行修改，使它对于 5 岁的学生更易被接受。在这之前，教师已经向学生介绍了量规，并且在很长一段时间里教师一直有意识地在每节课中提及学习目标和量规。在教学的这个阶段，教师计划简单介绍和解释一个新的学习目标。

表 2.2.1　基础教育正例：幼儿园数学的表现量规

基础——数学　　年级：幼儿园 数字名称 （CCSS.Math.K.CC.A.1）：一个一个或十个十个计数到 100 （CCSS.Math.K.CC.A.2）：在已知的数列中，从给定的数字开始计数，而不是从 1 开始 （CCSS.Math.K.CC.A.3）：从 0 写到 20，用写下的数字 0—20 代表一些对象，0 表示不计数对象	
4.0	学生能够： ◇通过 100 来**计数**、**书写**、**读取**和**表示**一些对象
3.0	学生能够： ◇在已知的数列中，从给定的数字开始**计数**，而不是从 1 开始 ——从任意数字开始一个一个计数 ——从任意数字开始十个十个计数 ◇用写下的数字 0—20 **代表**一些对象，0 表示不计数对象
2.0	学生能够识别或回忆具体词语，包括： ◇计数、数字、一个一个、数列、十个十个 学生能够： ——一个一个**计数**到 100 ——十个十个**计数**到 100 ——**写下**数字 0—20
1.0	在帮助下，在 2.0 级内容和 3.0 级内容取得部分成功
0.0	即使提供帮助，也没有成功

基于表 2.2.1，表 2.2.2 展示教师编制的易于学生理解的表现量规。

表 2.2.2　易于学生理解的表现量规：幼儿园数学

基础——数学 数字名称 （CCSS.Math.K.CC.A.1）：一个一个或十个十个计数到 100 （CCSS.Math.K.CC.A.2）：在已知的数列中，从给定的数字开始计数，而不是从 1 开始 （CCSS.Math.K.CC.A.3）：从 0 写到 20，用写下的数字 0—20 代表一些对象，0 表示不计数对象		年级：幼儿园
4.0	◇**我可以**通过 100 来计数、书写、读取和表示一些对象	 0—100
3.0	◇**我可以**从任意数字一个一个或十个十个计数 ◇**我可以**写下计数对象的数量	 …36，37，38…100 …40，50，60…100  =8
2.0	**我知道**以下词语： ◇计数、数字、一个一个、数列、十个十个 ◇**我可以**一个一个计数到 100 ◇**我可以**十个十个计数到 100 ◇**我可以**写下数字 0—20	 1，2，3…100 10，20，30…100  1，2，3… 18，19，20 · 计数 · 数字 · 一个一个 · 数列 · 十个十个
1.0	**在帮助下，我可以**做以上一些事情	

学生坐在黑板前面的地毯上，黑板上张贴了一张易于学生理解的量规。教师介绍课程：

> 同学们！我想让你们思考一下我们在本周学习数学的过程中所做的一切，然后告诉你的朋友你已经学会的内容。

在学生交谈时教师在教室里快速巡视，听他们之间的对话以确定学生对于目标的理解程度。然后，教师回到讲台。

> 同学们完成得很棒！我听到你们中的大多数人都是一个一个或十个十个计数到100，这正是我们在学习的内容。
>
> 今天，我们将开始一个新的目标：给对象计数并记下你数的数字。让我们来谈谈这个量规上的图片并确定它的意思。
>
> （教师指着量规上与3.0级目标相关的图片）这些是什么？（教师指着图片中的星星，并听到许多学生正确的回应）正确。他们是星星。让我们来数一数吧。（教师和学生给星星计数，然后教师指着等号和数字8）如果图片显示的是足球，那么你就给足球计数。如果图片显示的是汉堡包，那么你就给汉堡包计数。

在短短的几分钟内，教师就回顾了以前的课程目标，然后确定、解释并把今日学习目标与学生的活动联系在一起。

请注意，这里教师没有“教”目标。学生讨论了代表学习目标的图片，并把要学习的内容与量规联系起来。

使用学习目标和表现量规的基础教育反例

反例中幼儿园教师采取的标准与正例中的教师相同，并且也投入时间来制定根据标准的量规和易于学生理解的量规。在教学单元开始之初，教师向学生简单地介绍了量规，但并没有在教学过程中有意识地和不断地引导学生使用量规来聚焦具体学习目标。花费时间编制的量规几乎没有使用到，教师对此感到有些内疚，于是决定在当天的课程中重新回顾量规，把易于学生理解的量规展示在白板上。以下是教师的开场白：

同学们，我想花点时间和你们谈谈我们的数学学习目标和量规。我们最近关注哪些目标呢？（一名学生发言说他们一直在计数，十个十个或一个一个数到 100）

完成得很棒！接下来我们将会学到什么呢？（教师点名一个学生，学生回答，他们需要从数字如 36 或 40 开始计数）这是量规的下一个目标。有其他人想补充一下吗？（教师简单停顿了一下）实际上，接下去我们要完成另一个目标。（教师在量规上指出正确目标的图片）接下来你们要做的是为你计数的对象编写数字。明白了吗？（学生们点头同意）你们看到我们如何使用量规来帮助我们学习一年级入学前所需的知识了吗？（学生们再次点头）

当我们致力于不同的学习目标时，需要使用量规来确保你们正在学习的内容正是你们所需要的。好的，让我们开始今天的课程吧。

在简短的尝试中，这位教师只听到一个学生的想法，然后就自己解决了所提出的问题。教师没有引导学生进入下一个学习目标，教师的陈述和交谈也没有鼓励学生在量规与学习之间建立联系。教师虽然确定了目标，并说明了学生下一步将做什么，但却没有阐释清楚学生将学习什么。这种方法可能会让学生产生一定的困惑。如果教师告诉学生“使用量规来确保你们正在学习的内容正是你们所需要的”，那么当学生在理解目标和量规上遇到困难时就很可能会焦虑不安。教师认为学生沉默地点头就表示他们已经理解，但事实上并没有确保学生是否真正理解了每个学习目标。

使用学习目标和表现量规的中学正例

这个中学正例采用的是本书前面介绍的三个与细胞结构和功能有关的高中生物学学科标准。虽然这张图之前已经展示过（参见表 1.20，第 27 页），但我们在表 2.2.3 中会再次展示。教师已经编制了一个海报大小的量规，用幻灯片展示，为了确保所有学生都可以随时查看量规，教师给学生发放量规复本，粘贴在学生学习笔记本上。

表 2.2.3 高中生物的表现量规

高中——生物　　年级：九年级至十二年级 细胞结构和功能 （CPALMS: Life Science SC.912.L.14.2）：将植物和动物细胞的结构和功能相联系。解释细胞膜作为高选择性屏障（被动运输和主动运输）的作用 （CPALMS: Life Science SC.912.L.14.3）：比较和对比植物和动物细胞的一般结构。比较和对比原核细胞和真核细胞的一般结构 （CPALMS: Life Science SC.912.L.14.4）：比较和对比不同型号的显微镜的结构和功能	
4.0	学生能够： ◇**研究**细胞成分用于医疗发展的方法
3.0	学生能够： ◇**比较**和**对比**植物和动物细胞的一般结构（SC.912.L.14.3） ◇**归纳**植物和动物细胞的结构和功能之间的联系（SC.912.L.14.2） ◇**比较**和**对比**原核细胞和真核细胞的一般结构（SC.912.L.14.3） ◇**区别**主动运输和被动运输（SC.912.L.14.2） ◇**解释**细胞膜作为高选择性屏障的作用（SC.912.L.14.2） ◇**比较**和**对比**不同型号的显微镜的结构和功能（SC.912.L.14.4）

（续表）

2.0	学生能够**识别**或**回忆**具体词语，包括： ◇植物细胞、动物细胞、真核细胞、细胞膜、高选择性屏障、可渗透性的、主动运输、被动运输、细胞壁、细胞质、核糖体、细胞核、核膜、核仁、色素、内质网、微管、微丝、液泡、线粒体、高尔基体、叶绿体、溶酶体、低渗、高渗、等渗溶液、成分、细胞器、染色体、磷脂、极性、分子、囊泡 此外，学生能够**识别**或**回忆**具体前缀： ◇ cyto-, nuc-, chroma-, micro-, mito-, vac-, chloro-, lyso-, hypo-, hyper-, iso-,pro-, eu-, trans- 学生能够： ◇**认识**真核细胞的成分（细胞壁、细胞质、核糖体、细胞核、核膜、核仁、色素、内质网、微管、微丝、液泡、线粒体、高尔基体、叶绿体、溶酶体）（SC.912.L.14.3） ◇**描述**植物和动物细胞的结构和功能之间的联系（SC.912.L.14.2） ◇**描述**细胞膜如何成为高选择性屏障（SC.912.L.14.2） ◇**认识**物质如何进出细胞（主动运输和被动运输）（SC.912.L.14.2）
1.0	在帮助下，在 2.0 级内容和 3.0 级内容取得部分成功
0.0	即使提供帮助，也没有成功

这是学生们第一次接触教师编制的量规，以下是教师的开场白：

今天，我们开始学习一个关于细胞结构和功能的新单元。我刚刚发下来的是一份表现量规，其中包含了达成该单元学习目标的进程。不要让量规中的信息压垮你。我们会花更多时间进行许多有趣的活动和实验，来帮助你在单元学习结束时知道所有的内容。

3.0 级列出了你在单元学习结束时要达到的学习目标。我们来看看用于这些学习目标的动词，你们会看到例如比较、对比和归纳等需要分析思维的词语。但别担心，我们将从 2.0 级的简单思考开始，并以量规的方式开展活动。现在看看 2.0 级的动词，让我们一起开始讨论这些词语，然后认识和描述细胞的结构和功能之间的联系。当我们了解了量规中 2.0 级的信息时，我们就可以准备进入 3.0 级的目标。

一旦你完成了 3.0 级的学习目标，你就可以获得一个 4.0 级复杂目标的任务，这个级别的任务要求你拓展到 3.0 级以上的目标，并将学到的内容与医学内容相关联。当你理解了并且可以在其他量规级别上进行所有操作时，就可以将你所学到的知识与 4.0 级的现实应用任务相联系。我们可以把这个量规看作是我们将一起开启的旅程。学习目标是我们吸收新信息、获得新思维过程的里程碑和停靠站。在我们做最后努力达到 4.0 级学习目标之前，我们可能需要在途中休息一下，巩固我们所知道的内容。

使用学习目标和表现量规的中学反例

反例中的场景在许多方面与正例类似。教师专注于同一套生物学科标准，并向学生提供了相同的量规，但是在这之前教师并没有将学习目标量规化。这位教师采取了和同事非常不同的做法。以下是教师的开场白：

今天，我们开始学习一个关于细胞结构和功能的新单元。我刚刚分发了这个单元的量规和学习目标。从现在开始，你们会在每个单元开始时都收到这样一份量规。我们会讨论量规上的每个目标，然后在单元学习末回想一下你学习到了多少知识。

首先，让我们来谈谈量规上 3.0 级的目标。这些目标是你们在单元学习结束时需要达成的学习目标。

（然后，教师开始解释每个 3.0 级目标，提供教学示范案例）

现在，让我们来看看 2.0 级的目标，这些被称为基础目标。你们必须在进入 3.0 级之前学习这些目标。

（接着，教师开始重复每个目标，解释不熟悉的术语，并提供例子来演示她计划教学的内容）

我们会在单元学习的过程中使用这个量规来帮助你们了解要学习的内容。你们可以使用它来查看已经知道的内容以及接下去需要学习的内容。我们会在课堂结束时再次回顾这个量规，所以现在可以把你们的讲义先放一边。

在接下来的 1 分钟时间内，你们会观看一个介绍本单元主题的视频。仔细聆听并记好笔记，这样你们就可以在看完视频后进行讨论了。

无疑，反例中教师的学生会很疲惫，认知超负荷。虽然教师在这门课上付出了许多努力，但是教师犯了太多常见错误以致课程不能有效开展。

确定学生是否明白学习目标和量规

监控、确定学生是否理解学习目标和量规需要学生和教师共同努力。学生需要用行动表明他们掌握了学习目标、量规和学习进程。教师需要确定学生中谁达到了预期的结果并能作出相应的反应，同时还有哪些学生需要提供指导或解释。以下是监控学习目标和量规实施情况的一些具体例子：

◇学生绘制图片或图表来说明给定课程的学习目标。在学生开展任务时，教师在教室里巡视，浏览学生的成果，在需要时提出问题，确保学生知道目标是什么。

◇学生在教师提供的学习情境中进行小组学习，要求他们识别缺失的关键内容和相关的学习目标，这些内容造成学习差距，妨碍学生在情境中实现目标。当学生讨论量规中的基础目标和学习目标之间的关系时，教师要倾听他们的对话，以确定哪些部分有所缺失。

◇教师为学生提供在课堂给定时间内进行的一项活动或任务的名称，并要求他们简要介绍活动或任务是如何与学习目标相联系的，然后教师作说明，以确保学生了解他们分配到的活动之间所存在的确定关系。

◇教师给学生列出在课堂给定时间内要实施的所有活动或任务，并要求他们与合作伙伴一起，按照活动或任务所遵循的学习目标进行排序，然后解释每个活动如何契合实现学习目标所需要的学习进程，以及每个活动在学习进程中的位置。教师在教室里走动巡视，观察每组搭档对任务的排序，聆听他们对所知内容的讨论，记下哪个学生能够正确确定进程。

表 2.2.4 将帮助你在实施此方法时，评估学生是否展现出对学习目标的理解，是否达到表现量规中的标准。

表 2.2.4 学生使用目标和量规的能力量规

新手入门	基本掌握	预期目标
学生对学习目标和量规进程进行回答	学生对学习目标和量规进程进行准确回答	学生对学习目标和量规进程进行全面、准确的回答
学生认识到目前进行的活动和任务与学习目标相关	学生能够解释目前进行的一些活动和任务是如何与量规和目标相联系的	学生能够解释目前进行的活动和任务是如何与学习目标和学习进程相联系的
学生能够认识量规上的一个个目标	学生能够认识量规的学习进程，从简单目标复杂目标之间的关系	学生能够解释量规的学习进程，从简单目标到复杂目标之间的关系

开展支架教学和拓展教学满足学生的需求

通过实践可以更容易确定你的学生是否理解学习目标、学习进程和量规。你会很快发现某个学生或学生群体需要重新定向、给予支持或拓展内容。以下建议可以为你提供一些想法，发散你的思维。

支架教学

◇如果学生在寻找当前活动与其目标之间的关系时遇到困难，请提供线索使他们了解活动或任务的要点，并询问他们从任务中学到了什么。写下他们说的话使得目标和活动之间的联系可视化。

◇在让学生口头解释课程的学习目标之前，让他们有时间和邻座同学讨论关键点并在解释之中运用“借鉴思想”。

◇有些学生的成果无法呈现他们的知识掌握情况，无法定位相应的量规中的层次。此时，教师可以针对这些学生，提供另一个能够展示学习进程的学生的成果，并要求学生比较和对比这两个成果。要求学生讨论他们注意到了什么，以及接下去可以做些什么来调整自己的成果，从而使自己的成果与范例相一致。

◇对于了解量规不同级别目标之间的差异有困难的学生，要通过使用范例展示不同层次的目标要求，提供更明确的指导。要求学生研究目标中使用的动词，并讨论每个动词之间的差异。

拓展教学

◇要求学生分析具体活动是如何有助于整体学习和对目标的理解。

◇要求学生比较和对比量规中的基础目标和学习目标，并根据这些目标对培养理解力的重要性进行排序，以达到复杂认知目标。

教学方法 3　使用易于学生理解型量规

到目前为止，这些方法的特点都是包含措辞严谨标准的目标和量规。使用这种方法可以确保目标和量规与标准的复杂认知或缜密性保持一致。教师编制型量规可以适用于高年级的小学生，因为这些学生有较好的阅读能力和理解力。尽管如此，也只有学生真正理解了预期的知识和行为，学习目标和量规才能有效。对于许多学生来说，量规每个表现水平的目标可能都需要解释，并转化成学生易于理解的语言，才能使得学习过程更有意义。就像教师编制型量规一样，易于学生理解型量规也是由教师和学生合作编制的。对于年龄较小理解性差的学生和有特殊需求的学生，教师可以重新表述，简洁或者直观地展示学习目标和量规，并使用易于学生理解的语言进行加工，使知识内容和学习进程更易于达到。

如何有效使用易于学生理解型量规

有两组学生将从编制易于学生理解型量规中获益：（1）学生有能力阅读，但是难以理解教师编制型量规中具有挑战性的学术词汇；（2）年纪较小或具有特殊需求的学生在阅读能力上需要很多帮助。

可以阅读但需要更多易于理解的词汇的学生

学生有能力读写，但是难以理解教师编制型量规中具有挑战性的术语，为此，编制易于学生理解型量规就要让学生参与到量规语言的修改中。在展示教师编制型量规之后，邀请学生使用他们所能理解的语言来讨论和重写 2.0 级、3.0 级和 4.0 级的内容。学生可以单独或分成小组工作，在每个量规水平上重写目标，然后与大家分享自己的修改版。不过，应注意学生转化的版本要保持与标准所要求的复杂认知程度一致。在教师的指导下，全班学生可以一起编制和通过一个易于学生理解的量规版本，其中包括具体明确的示例，用于示范在每个量规水平上学生需要展示的能力。

年纪较小或具有特殊需求的学生

对于年纪较小或有特殊需求的学生，需要采取一种不同的方法，因为他们的背景知识以及读写能力有限。如果你的学生需要这种方法，请重新修改量规。在给这些学生编制易于学生理解型量规时，请考虑以下准则。

保留标准的意图

调整量规时要注意，选择学生可以理解的词语。但是，不能改变标准的意图。换句话说，如果标准要求学生进行“展示”，那么选择更简单的替代词，如“表演”或“使用”。这些学生更熟悉的词传达了同样的思维水平和意图，是较为恰当的替代词。相应地，“展示”这个词不应该被替换成“名称”。即便这两个词可能处于相同的处理（提取）水平，但它们是完全不同的选项。请参阅马扎诺教育目标新分类（表 1.12，第 20 页），确保在易于学生理解型量规中替代的动词，具有与原有标准相同的复杂认知思维和操作水平。

涵盖展示标准的必备词语

在编制易于学生理解型量规时，你需要考虑下列几个问题：

◇这个词是展示标准所必不可少的吗？如果是，你是否应该把它包括在易于学生理解型量规中？

◇对于不必要的词，你可以选择其他具有相同含义但易于学生理解的词。

保留展示标准意图所必需的词，如动词——确定、比较和计数，以及一些关键词等，避免淡化标准。同时，抓住这个机会引入术语和定义新的术语来深化学生的学术词汇。教师是决定与学生分享哪些术语或重写哪些易于学生理解的语言的最终仲裁者，要始终保持学习目标和量规的意图。

幼儿园标准往往要求学生对数字进行“分解”。这个词如果无法清楚地表达标准的意图，那么就可以要求学生以“划分”或“分开”数字来替代。

《共同核心国家标准》英语语言文学母语口语与听力标准要求学生“与多个伙伴进行合作对话”，年纪小的学生可能难以理解这个短语。只要你确定让学生与多个合作伙伴一起学习，这个短语就可以替换为“与你的朋友谈话”。确定学生能否最终了解标准中使用的词语的意图和意义，是由你来决定的。

使用“我可以”作为句子开头

使用“我可以”作为一个简单句子的开头来描述学习目标。“我可以”语句可以帮助学生集中精力掌握当前的目标，并鼓励他们掌握学习目标。斯蒂金斯（Stiggins）等人（2006）认为，通过一个容易的短语（如“我可以”）开始每个目标，鼓励学生了解和衡量自己的学习和进步。学生和教师都可以使用“我可以”语句来评价内容的掌握程度。

增加可视化支持

学生乐于接受的图片可增强团体意识并提高学生的参与度。当添加视觉图像时，许多学生能够更快速地与量规上的词语相联系。在没有讨论或没有阅读的情况下，视觉辅助功能常常作为激活旧知的预读策略。拉奥（Rao）和迦基尔（Gagie）讨论了可视化支持是如何专门帮助治疗儿童自闭症，所有学生都可以从照片、剪贴画甚至是教师或学生绘制的简笔画中受益。视觉效果能够持续吸引学生的注意力，帮助学生专注于信息，使得抽象概念更具体化。可视化支持可以增加对文学的理解，还可以提供结构来阐明期望和目标。选择和准备图像或图形以在量规中添加可视化支持时，请遵循以下提示：

◇确定哪些以书面展示和哪些以图像展示。

◇确保图像能加强、说明目标或提供示例。

◇为了避免混淆，每个主旨只使用一幅图像。

◇不要使用太复杂的图形。

编制完成后，要对教师编制型量规和易于学生理解型量规作出解释

对量规中不容易理解之处，教师要做一些解释和说明，保证学生能够理解量规各个水平所提出的预期要求。如果量规中已经包含了图文两种陈述，教师只需要将两者结合起来进行说明就可以了。这种书面文字、图像显现和口头讲解相结合，有助于学生了解目标和量规的意义。

常见错误

编制易于学生理解型量规、制定更易于学生理解的学习目标和学习进程，需要深思熟虑，要确保标准的基础目标仍然真实有效，对图形或图像的追求不能成为目的。如果你编制了一张无效的学生量规，那么量规的作用就会消失。在编制易于学生理解型量规时要避免的常见错误，除了前面所提到的教师编制型量规的错误，还有以下几个：

◇教师不能保证学生编制的例子能够准确地说明在易于学生理解型量规所要求的不同层次的学习进程的期望，并能纳入到易于学生理解型量规的修订版本中。

◇教师没有正确转化或帮助学生将标准的意图转化成学生易于理解的语言。

◇教师使用了一个普适性量规，但没有描述具体内容目标。

◇教师编制了一张有效的易于学生理解的量规，但并没有用它来为课堂学习提供方向和结构。

使用易于学生理解型量规的正例与反例

以下是在课堂中使用易于学生理解型量规的正例和反例。在阅读时，请确保标准的意图、最初教师编制的学习目标以及表现量规在修订过程中没有被歪曲。即使简化了措辞或示例，也要确保修订内容是准确的。回顾之前提到的常见错误，并注意示例中的教师是如何避免这些错误的。

使用易于学生理解型量规的基础教育正例

使用易于学生理解型量规的基础教育正例所采用的学习目标来自表 2.3.1 中的标准。

表 2.3.1　易于学生理解型量规：幼儿园数学

基础——数学		年级：幼儿园
数字名称 （CCSS.Math.K.CC.A.1）：一个一个或十个十个计数到 100 （CCSS.Math.K.CC.A.2）：在已知的数列中，从给定的数字开始计数，而不是从 1 开始 （CCSS.Math.K.CC.A.3）：从 0 写到 20，用写下的数字 0—20 代表一些对象，0 表示不计数对象		
4.0	◇**我可以**通过 100 来计数、书写、读取和表示一些对象	 0—100
3.0	◇**我可以**从任意数字一个一个或十个十个计数 ◇**我可以**写下计数对象的数量	 …36，37，38…100 …40，50，60…100  =8
2.0	**我知道**以下词语： ◇计数、数字、一个一个、数列、十个十个 ◇**我可以**一个一个计数到 100 ◇**我可以**十个十个计数到 100 ◇**我可以**写下数字 0—20	 1，2，3…100 10，20，30…100  1，2，3… 18，19，20 · 计数 · 数字 · 一个一个 · 数列 · 十个十个
1.0	**在帮助下，我可以**做以上一些事情	

教师使用“我可以”语句来激励学生专注于学习目标，并将其作为自己的学习目标。在3.0级水平中，教师已经将标准的原始语言“用数字代表一些对象”替换成“我可以写下计数对象的数量”。同时，教师把标准语言“在已知的数列中，从给定的数字开始计数，而不是从1开始”转化成“我可以从任意数字一个一个或十个十个计数”。

教师准备了一张海报大小的表现量规（见表2.3.1），并将其固定在黑板架上。她要求学生离开桌椅，坐到教室后面教学地毯的指定位置。下面是教师对易于学生理解型量规的介绍：

> 同学们，迅速进入你们的观听位置，看着黑板架。我想让你们仔细看看量规中所有不同的词和图片，看看你们是否可以阅读任意一个词或识别任意一张图片。而我的问题是：你认为我们今天要学什么？不要说出答案，在脑海里静静回答。我看到了一些笑脸，来和你们的同伴讨论我们今天要学什么吧。

学生们讨论着数字、数学和计数。

> 好想法，同学们！这张量规将帮助我们跟踪今年所学习的数学和数字方面的所有内容。请注意，在量规的这一边，有一些文字可以告诉你们将要学习和做的事情（教师指向左手边的量规）。在量规的这一边，有一些图片告诉你们这些词是什么意思（教师指向右手边的量规）。从现在开始，每次我们学习数学时，我们要在量规中找到我们的确切位置。我最喜欢的量规部分是一张帮助学生的老师的照片。下面有一句话这么说：在帮助下，我可以做以上一些事情。所以，我们都要向量规的顶端攀登，相互帮助，相互学习。

使用易于学生理解型量规的基础教育反例

反例中的教师在编制易于学生理解型量规时走了捷径。虽然教师按照同样的数学标准开展工作，但所编制的量规与任何特定的课程标准或内容都不相关，因此无法展现学习进程。量规包含四个层次：（1）我需要帮助；（2）我可以做一些；（3）我可以做到这一切；（4）我可以教他人。这些非正式的量规是一个很好的监控工具，可用于学生自我评估或快速检查学生的理解情况。然而，由于反例中的量规没有提供描述能力水平的具体目标，所以你无法使用它们来跟踪学生的学习进度或检测学生对学习内容的熟练程度。在易于学生理解型量规的正例中，学习进程的每个层次都详细地说明具体内容目标和相应的能力水平，添加视觉提示或图像是提供帮助来重述目标之间的联系。从标准中提取的关键内容以使用简单的语言和“我可以”语句来重写，明确了教学方向，传达了教学目的。

使用易于学生理解型量规的中学正例

这个中学英语语言文学课程的重点标准如表 2.3.2 所示。在下面的例子中，教师有意地计划让学生转化和重写教师编制型量规中的 3.0 级学习目标，以开始编制易于学生理解型量规。

表 2.3.2 中学阅读的教师编制型量规

（TEKS ELAR 6.11）：阅读 / 理解说明文 / 议论文 学生对议论文进行分析、推理并得出结论，同时提供文本证据来支持自己的分析。学生预期要做到： （1）比较和对比两位作者关于同一主题写作的结构和观点，注意论点和论据 （2）认识议论文中使用的简单错误推理	
4.0	学生能够： ◇**作出**决定并进行**辩论**，两位作者对同一主题撰写的两篇议论文，哪一个提供了最佳或最有益的信息
3.0	学生能够： ◇对议论文进行**分析**、**推理**和**得出结论**，并从文本中找出证据，以支持自己的分析 ——**比较**和**对比**两位作者对同一主题的写作结构，注意论点和论据 ——**比较**和**对比**两位作者对同一主题的写作观点，注意论点和论据

（续表）

2.0	学生能够**识别**或**回忆**具体词语，包括： ◇错误推理、过度概括、不合逻辑的结论、个人偏见、作者的目的、陈述性目的、隐含目的、观点、议论技巧 学生能够： ◇**使用**阅读策略来辅助文本解读 ◇**认识**论点 ◇**认识**议论文中使用的简单错误推理 ◇**认识**文本的结构 ◇**描述**作者如何使用结构和观点来影响特定观众的态度、情感和行为 ◇**解释**基于观众、目的和信息的议论技巧的有效性
1.0	在帮助下，在 2.0 级内容和 3.0 级内容取得部分成功
0.0	即使提供帮助，也没有成功

把易于学生理解型量规张贴在教师编制型量规的旁边。随着学习进程的推进，所有的目标最终都可以用易于学生理解的语言重写，以提供清晰的学习要求与期望，以及要想取得成功需要学习和做的内容。在教师介绍和解释完教师编制型量规后，这种类型的活动从小学到高中学生都可以开展。

下面是教师对课程的介绍：

早上好，同学们！今天我们将花一些时间讨论我们的单元学习目标——“阐释议论文”。昨天我介绍了两篇关于动物园的不同文本。一篇是文章，另一篇是博客文，它们都提供了有关动物园的信息，并且你们在阅读时都画了一幅图片。我们本单元的学习目标是让你们能够比较和对比两种不同的文本，重点关注结构和作者对作品的观点。

我想让你们花一些时间在小组里讨论一下 3.0 级的学习目标，谈谈你们对目标的理解，以及你们认为自己应该做些什么来表明自己可以比较和对比这两篇议论文。然后，请把 3.0 级的目标用自己的话写下来。当每个小组都讨论和重写目标后，我会请大家一起分享，然后全班一起编制一份易于理解的 3.0 级学习目标。你们可以根据需要经常参考此版本，以确保了解本单元中要学习和要做的内容。请随时参阅昨天在课堂上介绍的文件，可以在你们写作时将其作为示例。

教师要根据需要指导和帮助学生的讨论和修改，同时保持警觉，确保标准的认知完整性，将原始目标转化成新编制的易于学生理解的版本。

要注意的是，在这个例子中教师没有在一开始就要求学生修改每一个目标。但随着课时的推进，教师要求学生修改每一个目标，并把它们添加到张贴在教室前面的易于学生理解型量规中。由学生重写的量规展示在表 2.3.3 中。

表 2.3.3　阐释议论文的易于学生理解型量规

阐释议论文	
4.0	我能够： ◇**作出决定**并进行**辩论**——选择哪个文本更好或最有意义，并说出我是如何作出决定的
3.0	我能够： ◇**分析**（详细研究）并使用文本中的词语作为证据**明确**问题的答案，如： **比较**和**对比**（发现相似之处和差异）两个文本关于同一问题的描述（例如我在动物园阅读的一篇文章和一篇博文）。我会看看结构（文本的写作方式）和作者的观点（意见或立场），并考虑两位作者如何感受或思考这个问题
2.0	我能够： ◇**认识**作者的观点（意见或论据） ◇在议论文中（以书面方式说服我同意作者在某个问题上的立场）**认识**错误推理（错误逻辑） ◇**认识**结构（文本的写作方式） ◇**描述**或谈论或书写文本的写作方式以及作者的观点或立场对我如何感受和反应产生的影响 ◇**解释**或谈论或书写作者是如何成功劝说我（说服我）同意他的观点
1.0	在帮助下，在 2.0 级内容和 3.0 级内容取得部分成功
0.0	即使提供帮助，也没有成功

使用易于学生理解型量规的中学反例

在下列反例中，教师和学生分享了相同的教师编制型量规，对学生提出了相同的最终目标——将教师编制型量规修改为易于学生理解的版本。以下是教师对课程的介绍：

> 我之前介绍了这个单元的学习目标和量规。今天，你们要花些时间在小组中讨论一下量规中的目标。你们应该针对每个量规水平讨论你对目标和期望的理解，然后用自己的话重写。完成后，你们可以听听别人分享的重写的量规。仔细聆听，并比较自己与其他同学所写的内容。如果你听到的内容可以使目标更清晰，那么随时都可以更改自己的量规版本。

很显然，教师并没有打算自己参与修改过程。教师让学生自由地修改了原始量规的语言，并用学生自己的话编制了一个更简单的目标版本。完成后，学生只需将其编制的量规与其他学生的版本进行比较。教师没有提到要编制示例来提供清晰的目标描述，也没有提及合作编制一个准确的班级版本，以便能够在需要解释时用作参考。此外，教师还要求学生重写未详细解释的目标，因此活动本身会违背编制易于学生理解型量规的意图。在中学正例中，教师要求学生只处理一个量规的“大部分”或者仅仅是 3.0 级的目标。有别于反例中的教师，这种方法提供了更多的重点和结构，并且不会给学生带来压力。编制易于学生理解型量规，是为了更好地利用学习时间和达到更好的学习效果。

确定学生是否领会易于学生理解型量规

一个成功的易于学生理解型量规能够简单、清晰、准确地传达目标和学习进程。有效地修改或转化可帮助学生连接到自己的语言，并促进学生对内容目标和表现期望的理解。只有当你要求学生参与一个活动，展示学生对学习目标和量规的理解，并通过观察、聆听、浏览、回顾或其他形式，才能知道你是否达到了预期目标。在确定易于学生理解型量规是否有助于提高对目标和学习进程的认识时，请考虑以下建议。

◇要求学生与合作伙伴讨论他们对目标和表现量规的理解。巡视并听取合作伙伴之间的对话，发现可能存在的误解，并根据需要进行解释。

◇当学生用自己的话来修改目标时，浏览学生的成果，寻找与标准严格程度和教师编制的原始目标要求相一致的修订措辞。

◇提出与量规中不同水平的目标相关的问题，让学生拿起两张、三张、四张卡片或竖起手指来表示问题所代表的水平。在响应时间内进行观察，确定哪些学生或哪些目标可能会混淆或不清晰。

使用表 2.3.4 中的学生能力量规来确定学生是否在使用学习目标和量规的转化版本时展示了期望的结果。

表 2.3.4 易于学生理解型量规中的能力量规

新手入门	基本掌握	预期目标
学生提供回答，简化目标语言，把教师编制型量规转化为易于学生理解型量规	学生提供回答，准确地简化目标语言，同时在将教师编制型量规转化为易于学生理解型量规时保持相同的认知水平	学生提供回答，准确、全面地简化目标语言，同时在将教师编制型量规转化为易于学生理解型量规时保持相同的认知水平，并包含每个水平的例证
学生可以讨论部分易于学生理解型量规的目标和学习进程	学生可以描述易于学生理解型量规的目标和学习进程	学生可以描述易于学生理解型量规的目标和学习进程之间的关系
学生对学习目标和量规意义的理解有时会不准确和不完整	学生对学习目标和量规意义的理解是准确的，但有时不完整	学生对学习目标和量规意义的理解是准确和全面的

开展支架教学和拓展教学满足学生的需求

有时你可能需要对易于学生理解型量规的编制或实施过程进行调整。一些学生可能需要更多的帮助，而不仅仅是转化目标和量规中使用的语言，而其他学生可能需要通过易于学生理解型量规来拓展学习。对于编制易于学生理解型量规，你是给予学生帮助还是拓展，取决于学生的背景知识、阅读和写作能力等因素。使用以下调整样例，可以满足学生的不同需求。

支架教学

◇对于年龄较大的学生在转化或修改教师编制型量规过程中存在的困难，应提供资源（例如字典、辞典、计算机）或具有指导性问题的模板，协助学生在合作学习中编制更简单的目标，保持与教师编制的量规相同的严谨程度。

◇突出词语或仅张贴量规中要求的目标，防止给学生带来压力，帮助他们进行讨论。

◇要求学生用非语言文字的形式，绘制或展现量规各层次的学习目标、期望与核心观点。

拓展教学

◇要求学生比较小组之间对教师编制型量规解释的相似之处和不同之处，然后解释他们认为最好的转化版本，并证明他们的推理。

◇要求学生分享目标的可视化表示或图表，并以易于学生理解型量规的形式张贴出来。

◇要求学生将易于学生理解型量规与课程标准或教师编制型量规进行比较，并编制一个解释两者之间转化过程的说明文件。

教学方法 4　使用学生生成型量规

提高学生参与度和沉浸于学习内容的一个方法是让他们制订个人学习目标和量规。当学生将个人兴趣与必须做的学习目标相关联时，学生将能更多地投入到学习过程中。个人与学习活动的联系推动学生积极参与学习过程，激发他们的勤奋和毅力，赋予其独立学习的能力。允许学生对自己的学习进行一些管理，可以促进个人效能和自主引导。根据霍姆（Hom）和墨菲（Murphy）（1983）的观点，“越来越多的研究表明，当学生们努力实现他们自己设定的目标时，他们会更有动力，能取得比实现教师设定的目标更高的成就”。因此，由学生制订个人目标，且该个人目标与教师编制的量规目标相契合，有助于学生自主学习的发展。在你欣然接受该方法，深入了解目标和量规之前，请谨慎使用。

如何有效使用学生生成型量规

在计划让学生有效编制和实施学生生成的目标和促进独立学习的表现量规时，请牢记以下步骤：

步骤 1：教师介绍和解释学习目标和表现量规

要实现学生的个性化学习，学生需要对学习目标、学习内容轨迹或教学单元进行彻底的了解。学习目标之间的联系以及如何在现实世界中应用知识内容应由教师进行编制，并引导学生思考所要教授的内容。在介绍学习目标时，鼓励学生寻找个人兴趣和内容之间的联系，以确定他们可能想要了解的更多的领域、主题或相关概念。

步骤 2：学生明确个人学习目标

分享教师编制的目标和量规之后，教师应该留给学生一定时间来编制对于个人来说较为重要的和与内容相关的学习目标。学生编制的个人目标应与教师编制型量规中的 3.0 级学习目标相一致。一些学生可能能够快速建立他们想要追求的目标，而其他一些学生可能无法找到任何引起他们好奇心的东西，所以你应该给学生留一些研究或反馈的时间。与学生进行对话是很有帮助的：鼓励学生思考自己的学习目标，让学生明确所学内容与自己的发展有什么作用。当学生对内容有所熟悉之后，才可以开始建立个人目标。

一个结构化的筹划者在初期头脑风暴或发展过程中，会对学生产生一定的帮助，如 KWHL 表（我知道什么？我想要了解什么？我将如何学习？我学到了什么，还要学习什么？）的方法，另一种方法是让学生回答有关教师编制量规中 3.0 级目标的指导性问题，如下所示：

◇什么是我现在感兴趣的且与这个话题相关？

◇在这个单元的学习中我想要更好地了解什么？

一旦学生明确了个人学习目标，就应该使用与教师编制型量规相同的格式或语言来编写（例如，我会……，我将……），以促进个人对学习的掌握。需要事先说明的是，个人学习目标必须保持对原始学习目标的认知意图，确保相同的行为或思维水平在个性化目标中明白易懂。学生生成的个人学习目标的例子如表 2.4.1 所示。请注意，学生生成的学习目标是如何对教师编制型量规中 3.0 级学习目标的加粗动词重复显示的。

表 2.4.1　学生生成的个人学习目标

教师编制的学习目标：3.0 级学习目标	学生生成的学习目标：3.0 级学习目标
（C3 框架 . D2.Civ.12.3–5, 国家社会研究理事会）	
解释规则和法律是**如何**改变社会，人们又是如何改变规则和法律	我会**解释**新规则是**如何**改变篮球比赛，并找出是哪些球员又改变了规则
（CCSS.Math.7.RP.A.2）	
认识和**表示**数量之间的比例关系	我会**认识到**人体明显的比例关系，并在绘制图表时学习如何准确地**表示**它们
（CCSS.ELA–Literacy.RI.8.6）	
学生在文本中**明确**作者的观点或目的，并**分析**作者是如何承认和回应相矛盾的证据或观点	我会**分析**一个最喜爱的作者的生活和背景，以**明确**他的生活经历对其写作方式或写作内容有什么影响

步骤 3：学生生成一张个性化量规

既然学生现在已经明确了他们的个人学习目标，且这些目标与教师编制型量规中的 3.0 级目标相符合，那么他们就可以准备建立一张个性化的量规。这个过程与教师编制量规的过程紧密相关。由于 3.0 级目标已经明确，下一步就是让学生考虑他们需要学习或做些什么来达到个人目标。一旦确定，这些信息就应该添加到他们个性化量规的基础水平 2.0 级中。 教师编制型量规中的 2.0 级的内容也应该纳入，但可以进行略微修改，以便使其与个性化的学生目标更紧密地联系起来。建立实现学生个人目标所必需的背景知识，以及建构这些背景知识所需要的具体行动或独立调查也应包括在学生生成型量规的 2.0 级水平中。

如果基础目标与学生的个人目标相一致，那么他们就可以考虑 4.0 级的个人目标，该目标应该与教师编制型量规中的 4.0 级目标相关，但可以进行个性化，加深和增强已确定的学生个人目标。完成后，学生生成型量规将成为一个个性化的行动计划，遵循这个计划可以引导学生达成他们选定的学习目标。

步骤 4：教师评论、支持和指导

检查所有学生的生成型量规，确保它们与教师编制型量规的内容和认知相一致。在整个过程中，教师要提供支持和指导，营造一个能提升独立性的学习环境。同时还应提供纸质和电子资源，鼓励和维持学生的个性化学习。反映在学生个性化学习目标中的观点和兴趣应尽可能地在学习过程中进行交叉。学生应该能感受到挑战和支持并存，同时发展和深化实现个性化学习目标所必需的思考。此外，教师必须提供反馈时间，让学生将课堂学习与他们的个性化学习目标联系起来。

我们需要不同程度的支持和指导来协助学生进行这一过程。有些学生可能从开始到结束个性化学习之旅都需要指导，其他学生可能只需要时间来反思、集中注意力和自我监控，以达成目标。在课堂上使用学生生成的目标和量规，教师需要充当辅导者和导师。

常见错误

使用学生生成型量规时最常遇到的错误：

◇教师没有详细地或清晰地向学生解释教师编制型量规和学习目标，以确定与内容相关的、有价值的个性化目标。

◇教师没有验证学生生成型量规和教师编制型量规或易于学生理解型量规目标中的复杂认知是否一致。

◇教师没有对学生生成型量规的有效性及其与内容的联系性进行审查，最终导致学生对自主学习的进程感到气馁。

◇教师在学生实施生成型量规的过程中没有给予必要的支持或时间进行反思，以确保学生持续投入个人学习中。

使用学生生成型量规的正例与反例

以下正例和反例展示在教学中使用的学生生成型量规。虽然内容和年级水平可能会与你的情况不同，但是只要明确正例中的教师是如何有效地使用学生生成型量规以及反例中的教师所犯的常见错误即可。

使用学生生成型量规的基础教育正例

该基础教育正例展示如何在教学中使用学生生成型量规，体现于下面五年级的科学标准：学生将调查并了解声音的产生、传输以及如何使用（VA Science SOL 5.2 a，b，c，d）。为了让学生根据这个标准制定一个个性化的学习目标，教师要根据这个标准编制一个表现量规，如表 2.4.2 所示。

表 2.4.2　基础科学的教师编制型量规

<table>
<tr><td colspan="2">基础——科学　　年级：五年级
（VA Science SOL 5.2 a, b, c, d）：学生调查和了解声音的产生和传递，以及如何使用声音
主要概念包括：
◇压缩波
◇振动、压缩、波长、频率、振幅
◇不同媒介（固体、液体和气体）传递声音的能力
◇声波的使用和应用</td></tr>
<tr><td>4.0</td><td>学生能够：
◇设计一个传递多个频率的声源，证明频率如何产生和传递，并解释如何使用声源</td></tr>
<tr><td>3.0</td><td>学生能够：
◇研究声音如何产生和传递
◇研究声音如何使用</td></tr>
<tr><td>2.0</td><td>学生能够识别或回忆具体词语，包括：
◇压缩波、振动、压缩、波长、频率、振幅、声波
学生能够：
◇分析声音如何产生、传递以及如何使用
◇应用声音知识形成结论
◇了解声音如何产生、传递以及如何使用
——解释声音如何产生和传递
——认识和解释不同媒介（固体、液体和气体）传递声音的能力
——认识和解释声波的使用和应用
——描述振动、压缩、波长、频率和幅度之间的关系以及声音的产生和传递</td></tr>
<tr><td>1.0</td><td>在帮助下，在 2.0 级内容和 3.0 级内容取得部分成功</td></tr>
<tr><td>0.0</td><td>即使提供帮助，也没有成功</td></tr>
</table>

教师向学生介绍并解释了他编制的量规。此外，教师还开发了一个模板，给基于个性化学习目标的学生生成型量规提供了一个框架（见表 2.4.3）。注意教师是如何将量规分为两部分：图表左侧是教师编制型量规，右侧是学生生成型量规。

以下是教师对课程的介绍：

> 同学们，这几天我们一直在研究声音的产生和传递。我们已经进行了一些与表现量规中多种学习目标相关的活动，也对这个标准和它在现实世界中的各种应用进行了一些非常有趣的讨论。我的问题是：你有兴趣了解哪些与声音的产生和传递相关的事？

学生和合作伙伴谈论尽可能的话题，然后在班级中分享他们的想法。在反思和研究一段时间之后，要求学生在表 2.4.3 所示的模板上记录他们选择的个性化学习目标。

表 2.4.3　学生生成型量规模板

<table>
<tr><td colspan="3">中学——科学　　年级：五年级
（VA Science SOL 5.2 a, b, c, d）：学生调查和了解声音的产生和传递，以及如何使用声音
主要概念包括：
◇压缩波
◇振动、压缩、波长、频率、振幅
◇不同媒介（固体、液体和气体）传递声音的能力
◇声波的使用和应用</td></tr>
<tr><td>水平</td><td>教师编制型量规</td><td>学生生成型量规</td></tr>
<tr><td>4.0</td><td>学生能够：
◇设计一个传递多个频率的声源，证明频率如何产生和传递，并解释如何使用声源</td><td>我会设计一个传递多个频率的声源，证明频率如何产生和传递，并讨论如何使用声源</td></tr>
<tr><td>3.0</td><td>学生能够：
◇研究声音如何产生和传递
◇研究声音如何使用</td><td>我会实现教师编制型量规中所有 3.0 级目标，从而实现下面我的个性化学习目标：</td></tr>
</table>

（续表）

2.0	学生能够**识别**或**回忆**具体词语，包括： ◇压缩波、振动、压缩、波长、频率、振幅、声波 学生能够： ◇**分析**声音如何产生、传递以及如何使用 ——**应用**声音知识形成结论 ◇**了解**声音如何产生、传递以及如何使用 ——**解释**声音如何产生和传递 ——**认识**和**解释**不同媒介（固体、液体和气体）传递声音的能力 ——**认识**和**解释**声波的使用和应用 ——**描述**振动、压缩、波长、频率和幅度之间的关系以及声音的产生和传递	**我会实现教师编制型量规中所有 2.0 级目标，从而实现我的个性化学习目标：** **附加词语或目标：**
1.0	在帮助下，在 2.0 级内容和 3.0 级内容取得部分成功	
0.0	即使提供帮助，也没有成功	

以下是教师对过程的解释：

> 现在你们已确定了一个与学习声音及其传播方式有关的主题，那么我希望你们编制一个 3.0 级的个人学习目标，匹配教师编制型量规中 3.0 级目标的难度水平。
>
> 让我给你们示范一下如何实现这一点。首先，我需要一个志愿者来帮助我。这个志愿者需要在脑海中考虑好一个主题，然后使用这个主题来完成自己个性化的生成型量规。

一个叫麦迪逊的学生志愿者和教师确定的主题是吉他。然后，教师在白板上展示了并排的模板，并将记号笔递给麦迪逊。

现在，仔细看看3.0级的两个学习目标。想想你的主题——吉他，确定一下你的个性化目标可能是什么样子。你可以使用我在教师编制型量规中使用的一些词。

麦迪逊开始将学习目标写在学生生成型量规的右侧栏中：我将研究吉他如何产生和传递声音。

想得好，麦迪逊！

其他几个学生都举起双手，似乎都要主动写下自己的个性化学习目标。教师指导他们进入各自的学习小组，帮助彼此选择一个主题，并写下3.0级水平的个性化学习目标。

在接下来的课程中，教师解释和模拟学生如何生成2.0级目标，以帮助他们了解实现3.0级学习目标的关键前提。同样地，教师也为学生指导和模拟如何编制4.0级学习目标。表2.4.4展示了一个学生生成型量规，其中含有2.0级、3.0级和4.0级的个性化学习目标。请注意，除了实现个性化学习目标，学生还必须努力实现教师编制型量规中的目标。

表 2.4.4 学生生成型量规（含个性化学习目标）

<table>
<tr><td colspan="3">中学——科学　　年级：五年级
（VA Science SOL 5.2 a, b, c, d）：学生调查和了解声音的产生和传递，以及如何使用声音
主要概念包括：
◇压缩波
◇振动、压缩、波长、频率、振幅
◇不同媒介（固体、液体和气体）传递声音的能力
◇声波的使用和应用</td></tr>
<tr><td>水平</td><td>教师编制型量规</td><td>学生生成型量规</td></tr>
<tr><td>4.0</td><td>学生能够：
◇**设计**一个传递多个频率的声源，**证明**频率如何产生和传递，并**解释**如何使用声源</td><td>**我会设计**一个传递多个频率的声源，**证明**频率如何产生和传递，并**讨论**如何使用声源
◇我会制造一个五弦吉他，解释不同的音高是如何产生和传递的，并弹奏一首歌曲来展示我是如何使用声源的</td></tr>
<tr><td>3.0</td><td>学生能够：
◇**研究**声音如何产生和传递
◇**研究**声音如何使用</td><td>**我会实现教师编制型量规中所有 3.0 级目标，从而实现下面我的个性化学习目标：**
◇我会研究吉他如何产生和传递声音</td></tr>
<tr><td>2.0</td><td>学生能够**识别**或**回忆**具体词语，包括：
◇压缩波、振动、压缩、波长、频率、振幅、声波
学生能够：
◇**分析**声音如何产生、传递以及如何使用
——**应用**声音知识形成结论
◇**了解**声音如何产生、传递以及如何使用
——**解释**声音如何产生和传递
——**认识**和**解释**不同媒介（固体、液体和气体）传递声音的能力
——**认识**和**解释**声波的使用和应用
——**描述**振动、压缩、波长、频率和幅度之间的关系以及声音的产生和传递</td><td>**我会实现教师编制型量规中所有 2.0 级目标，从而实现我的个性化学习目标：**
附加词语或目标：
◇我会明白吉他如何产生和传递声音，产生不同的音高</td></tr>
<tr><td>1.0</td><td colspan="2">在帮助下，在 2.0 级内容和 3.0 级内容取得部分成功</td></tr>
<tr><td>0.0</td><td colspan="2">即使提供帮助，也没有成功</td></tr>
</table>

使用学生生成型量规的基础教育反例

基础教育反例中的教师准备了同样的活动，也正进行着一个有效的教学。然而，她没有像正例中的教师一样给学生示范编制目标的过程。在学生看到要编制的个性化目标模板之前，她没有让学生在团队中开展任务。这样的教学必然使课程脱离了既定轨道。

使用学生生成型量规的中学正例

中学课堂使用学生生成型量规的例子，主要集中于以下数学标准：了解圆的面积和圆的周长公式，并用它们来解决问题；给出圆的周长和圆的面积之间关系的非正式推导（CCSS.Math.7.G.B.4）。为了准备在课堂上使用学生生成型量规，教师根据标准生成了一个表现量规。表 2.4.5 展示这个表现量规。

表 2.4.5 七年级数学教师编制型量规

中学——数学　　年级：七年级 （CCSS.Math.7.G.B.4）：了解圆的面积和圆的周长公式，并用它们来解决问题；给出圆的周长和圆的面积之间关系的非正式推导	
4.0	学生能够： ◇**解决**多步骤、复杂性的问题，涉及圆的面积和圆的周长公式的运用
3.0	学生能够： ◇**了解**圆的面积和圆的周长公式，并用它们来解决问题 ——使用公式**计算**圆的面积和周长 ——使用公式**解决**涉及圆的面积和周长的应用题 ◇**描述**圆的周长和圆的面积之间的关系 ——**解释**圆的周长和圆的直径的比率总是相同的。该比值为 C/d 或 pi（π = 22/7，3.14，略大于 3） ——**解释**圆的周长和圆的面积之间的关系

（续表）

2.0	学生能够**识别**或**回忆**具体词语，包括： ◇面积、圆的周长、圆、直径、半径、π、比率、二维 学生能够： ◇**认识**或**回忆**圆的面积和圆的周长公式 ◇**计算**圆的直径和半径 ◇**发现**在使用圆的面积和圆的周长公式中的问题
1.0	在帮助下，在 2.0 级内容和 3.0 级内容取得部分成功
0.0	即使提供帮助，也没有成功

然后，教师为学生制作了一个模板，给编制量规提供了一个结构，帮助学生编制量规。在表 2.4.6 所示的例子中，教师提供了一个模板来指导过程，包括左边的教师编制型量规和右边的学生生成型量规。

表 2.4.6 学生生成型量规模板

中学——数学 （CCSS.Math.7.G.B.4）：了解圆的面积和圆的周长公式，并用它们来解决问题；给出圆的周长和圆的面积之间关系的非正式推导		年级：七年级
水平	教师编制型量规	学生生成型量规
4.0	学生能够： ◇**解决**多步骤、复杂性的问题，涉及圆的面积和圆的周长公式的运用	**我会**解决多步骤、复杂性的问题，涉及圆的面积和圆的周长公式的运用
3.0	学生能够： ◇**了解**圆的面积和圆的周长的公式，并用它们来解决问题 ——使用公式**计算**圆的面积和周长 ——使用公式**解决**涉及圆的面积和周长的应用题 ◇**描述**圆的周长和圆的面积之间的关系 ——**解释**圆的周长和圆的直径的比率总是相同的。该比值为 C/d 或 pi（π = 22/7，3.14，略大于 3） ——**解释**圆的周长和圆的面积之间的关系	**我会实现教师编制型量规中所有 3.0 级目标，从而实现下面我的个性化学习目标：**

（续表）

2.0	学生能够**识别**或**回忆**具体词语，包括： ◇面积、圆的周长、圆、直径、半径、π、比率、二维 学生能够： ◇**认识**或**回忆**圆的面积和圆的周长公式 ◇**计算**圆的直径和半径 ◇**发现**在使用圆的面积和圆的周长公式中的问题	**我会实现教师编制型量规中所有 2.0 级目标，从而实现我的个性化学习目标：** **附加词语或目标：**
1.0	在帮助下，在 2.0 级内容和 3.0 级内容取得部分成功	
0.0	即使提供帮助，也没有成功	

在解释学习进程的各个水平和相关内容之后，回答与单元学习有关的问题，讨论各种圆形物体以及在现实生活中有关圆的面积和圆的周长的应用。教师问学生："你有兴趣学习更多关于圆的什么知识？"然后，学生与合作伙伴谈论尽可能与圆、周长、面积或者 π 有关的兴趣话题，在课堂上分享他们的想法。在反思和研究之后，教师要求学生在教师提供的量规模板上记录他们选择的个性化学习目标。教师这样解释这个过程：

> 现在你们已确定了一个自己感兴趣且与圆的学习相关的主题，那么我希望你们编制出个人学习目标。这个目标将放在我提供的模板右侧 3.0 级水平上。请注意，你们生成的学习目标不会取代教师量规中的其他目标。每个人都要学习和理解左侧教师提供的目标。这些学习目标实际上会在你努力实现相关个人目标时帮到你。在右侧放置的目标会帮助你开启个性化的学习之旅，并为你的学习创造一个关注重点和理由。

在介绍之后，教师会解释更多的任务细节：

> 让我们来谈谈如何说出你们的目标。你们编制的所有目标必须与我根据标准编制的目标处于一个思维水平。你们会发现，使用与教师编制型量规中相同的动词会更容易。在这种情况下，你们的个性化目标应该是了解、计算、解决、描述或解释你们所感兴趣的主题。使用“我会”的句子形式，把学习目标写在模板上。你们可能希望以问题的形式写出学习目标，创建学习任务。这样很好，我会巡视查看你们的个人目标，以确定它们是否与教师编制型量规的内容相关，并且包含同样的思维水平。在我巡视时，你们想想可能需要的研究或者需要回答的问题来帮助实现学习目标。

教师在教室里来回走动，浏览学生的个人学习目标，并在需要时提供反馈意见。检查完学生生成的3.0级目标，教师会要求学生学习教师量规中的2.0级目标，并添加相关的目标或词语来实现个人目标。对于大多数学生来说，教师编制型量规和学生生成型量规中的2.0级目标是一样的，只是学生生成型量规中添加了与个性化目标相关的词语。

在相关的2.0级目标生成之后，教师就4.0级目标的生成进行类似的讨论。教师解释说，学习进程中的4.0级意味着将学习拓展到初始目标以外，因此也就变得更加复杂。该模板已经提供了将学生的个性化学习目标与教师编制的4.0级学习目标相连接的通用表述。教师告诉学生，他们可以使用这个通用目标，编制一个更具个性化的4.0级目标，但内容要与3.0级目标相关联。教师为那些有兴趣进一步生成4.0级个性化学习目标的学生提供帮助和指导。最后，收集和评价量规，以验证与教师编制型量规中概述的内容和复杂认知是否一致。表2.4.7包含学生生成目标的完整模板示例。

表 2.4.7　学生生成型量规

中学——数学　　年级：七年级 （CCSS.Math.7.G.B.4）：了解圆的面积和圆的周长的公式，并用它们来解决问题；给出圆的周长和圆的面积之间关系的非正式推导		
水平	教师编制型量规	学生生成型量规
4.0	学生能够： ◇**解决**多步骤、复杂性的问题，涉及圆的面积和圆的周长公式的运用	**我会**解决多步骤、复杂性的问题，涉及圆的面积和圆的周长公式的运用 **我会确定**在我 60 美元的预算中能买哪些材料
3.0	学生能够： ◇**了解**圆的面积和圆的周长公式，并用它们来解决问题 ——使用公式**计算**圆的面积和周长 ——使用公式**解决**涉及圆的面积和周长的应用题 ◇**描述**圆的周长和圆的面积之间的关系 ——**解释**圆的周长与圆的直径的比率总是相同的。该比值为C/d或pi(π = 22/7，3.14，略大于 3） ——**解释**圆的周长和圆的面积之间的关系	**我会实现教师编制型量规中所有 3.0 级目标，从而实现下面我的个性化学习目标：** ◇**我会计算**出放在我家前院树下那个圆形花坛的周长 ◇通过研究用于项目的不同美化材料（镶边材料、砖、石头等），**我会知道**需要多少镶边材料 ◇**我会计算**出花坛的面积，确定需要多少保护植物根茎的覆盖物
2.0	学生能够**识别**或**回忆**具体词语，包括： ◇面积、圆的周长、圆、直径、半径、π、比率、二维 学生能够： ◇**认识**或**回忆**圆的面积和圆的周长公式 ◇**计算**圆的直径和半径 ◇**发现**在使用圆的面积和圆的周长公式中的问题	**我会实现教师量规中所有 2.0 级目标，从而实现我的个性化学习目标：** **附加词语或目标：补充与美化环境相关的词语**
1.0	在帮助下，在 2.0 级内容和 3.0 级内容取得部分成功	
0.0	即使提供帮助，也没有成功	

使用学生生成型量规的中学反例

在反例中，教师给学生展示了相同的教师编制型量规，同时这样介绍学生生成型量规的概念：

> 我刚刚发了一份研究圆的表现量规。今天，我希望你们能为这个单元的学习编制自己的量规。在看了我给你们的量规之后，思考一下你们所选择的与研究圆的内容有关的主题。这个主题会成为你们量规中 3.0 级的个性化学习目标。简单地参考我提供的量规中的其他目标，并编制其余的目标，将其个性化。你们可以手写或使用电脑打印你们的个性化量规。完成后，放在我的办公桌上。在我检查完并记录好你们所选择的个人学习目标后，我会返还给你们。

除了给学生发放教师编制型量规，反例中的教师没有给学生提供模板或其他支持性结构，而是直接要求学生生成一份个性化量规，包含他们所选择的主题，与要学习的内容相关。没有证据表明，教师在活动之前解释了教师编制型量规。这位教师也没有提供足够的语境支持，以确保学生理解任务的目的以及如何能够成功地生成个性化量规，也没有解释目标要与原始教师量规中的认知相一致。此外，教师也没有提供讨论、探究或反思的时间。最后，教师确实声称要对学生生成型量规进行检查，但没有验证该量规与学习要求的联系。检查量规只是为了记录学生的个人目标选择。

确定学生是否理解学生生成型量规

培养自我高效和独立学习的目标值得赞赏，然而，如果没有某种类型的结构（例如，模板、大纲、句子主干或问题引导），建构与必修内容相关联的个性化学习目标可能会产生问题。有效的学生生成型量规来自教师的支持和指导。为了证实学生在这方面的成功，教师必须看到学生的外在行为表现出与建立的学习内容之间切实可行的联系。教师还必须密切关注学生的最终量规成果，并随着学生与内容的互动，持续倾听和观察。以下是一系列方式，你可以监督学生是否与内容建立了个人联系，展示出对学习目标和量规的理解。

◇要求学生与合作伙伴分享他们的生成型量规，并相互评价对方的量规，验证其是否与教师编制型量规相一致。教师巡视，听取学生之间的对话，根据需要进行交流或提出问题。

◇在说明教师编制型量规中的每个目标之后，请学生用一句话进行概括，解释所呈现的信息与自己编制的量规中个性化学习目标之间的联系。

◇让学生在学习日志或日记上分享所编制的个性化学习目标对自己的学习动机和学习倾向的影响。收集学生日志或日记并查看每个条目。

◇将具有相同个性化学习目标的学生组成一组，要求每个小组创建一个海报或以其他非语言形式展示他们的个性化学习目标，并与教师量规中的必修内容目标进行比较。

◇创建一个手势，可以在必修内容和学生个人学习目标之间建立连接或联系时发出信号。在教学期间要求学生使用手势来表明他们的学习内容与个人学习目标之间建立了联系。

表 2.4.8 展示的学生生成型量规中的能力量规，可以帮助你确定学生与内容之间建立个人联系的进展情况。使用这个量规可以帮助你监控学生对学习目标的相关理解。

表 2.4.8　学生生成型量规中的能力量规

新手入门	基本掌握	预期目标
学生提供回答，编制一个 3.0 级的个性化学习目标	学生提供回答，编制一个 3.0 级的个性化学习目标，并准确地连接到教师编制型量规中的 3.0 级内容	学生提供回答，生成量规中各个水平的个性化学习目标，而且所生成的量规准确关联内容，并且与教师编制型量规具有同一层次的认知
学生能够认识学生生成的目标和量规与教师编制的目标和量规之间有一些联系	学生能够列出学生生成的目标和量规与教师编制的目标和量规之间的联系	学生能够解释学生生成的目标和量规与教师编制的目标和量规之间的联系
学生能够解释呈现的内容与教师编制的具体学习目标是如何联系的	学生能够解释呈现的内容与学生生成的具体学习目标是如何联系的	学生能够解释呈现的内容与学生生成型量规中所有相关目标的学习进程是如何联系的
学生不能准确和完整地理解学习目标和学生生成型量规的含义	学生能准确但不完整地理解学习目标和学生生成型量规的含义	学生能准确且全面地理解学习目标和学生生成型量规的含义

开展支架教学和拓展教学满足学生的需求

要满足所有学生的需求，并在教室中编制和实施学生生成型量规，需要教师和学生有目的地规划。一些学生可能会发现编制一份个人学习目标和量规是很容易的事情，而另一些学生可能需要做更多努力来掌控自己的学习和进程。为了达到预期的效果，你可能需要进行调整来满足学生的个人需求。以下示例可帮助学生了解和使用学生生成型量规。

支架教学

◇如果学生在确定自己的个人目标时有困难，就有必要建构一个思维进程，找出个人与内容之间的联系。列制一个可以将学生个人兴趣或抱负与内容（例如运动、未来可能职业、兴趣项目、个人抱负、爱好、信仰等）相关联的列表。

◇为有需要的学生提供具体的指导，进行一对一面谈来探索和发现个人兴趣。解释要学习的常规主题，鼓励学生把重点放在常规主题与个人学习目标相关的事物上。

◇对于使用学生生成型量规进行自主学习有困难的学生，允许他们与另一个具有类似个人目标的学生进行合作，共同努力，在所呈现的内容与个人学习目标之间建立联系。

拓展教学

◇要求学生展示他们计划的进程，以达成他们在量规上展示的个性化学习目标，并将其作为范例张贴在教室里，供其他同学查看。

◇要求学生为那些在建立个性化学习目标上需要帮助的同学提供指导，由他们提出一系列问题来引导其他学生的学习进程。

结 语

本书旨在帮助教师通过在课堂上编制与使用学习目标和表现量规的方式，能够更有效地教学，帮助学生达到课程标准。

为了检验本书目标是否达成，教师不仅要从学生中搜集信息，还要从导师或者同事中寻求反馈，以找到志同道合之人，同时在策略的实施过程中，积极开展有意义的反思。这样一来，即使教师没能从本书中学得零星技巧，至少也可认识到监控的重要性。监控是教师的专业水平以及学生的学习成绩增长的临界点。策略使用并不是终点，教师的目标应该是预期结果：要有充分的证据确保学生能通过编制与使用学习目标和表现量规对所学内容形成深刻的认识。

为了更有效地实施本书策略，请遵循以下三个步骤：

1. 在策略实施过程中，发挥自身的能力和创造力对本书中的各种教学方法进行适应性改编。

2. 对预期结果进行监控。换句话说，就是在使用某教学方法的同时，对其有效性进行分析。

3. 如果监控结果显示，因为教师没有提供充分的教学指导而导致学生未能实现预期结果，这时教师便要想办法改变和调整。

毫无疑问，本书可以作为教师提升个人专业技能的行为指南，但是当教师与同事一同研读和实践时，必将获益更多。

反思与讨论问题

在小组会议或向教练、导师或督学会面寻求精神食粮前，教师可以使用以下的反思与讨论问题：

1. 在阅读和实施本书的教学方法之后，你的教学发生了怎样的变化？

2. 在为学生提供支架教学和拓展教学的过程中，你总结出哪些调整和改进教学方法的技巧？

3. 在实施本书教学策略的过程中，你遇到的最大挑战是什么？

4. 实施本书教学策略后，学生的学习发生了哪些变化？

5. 你会如何与同一年级或同一部门的同事分享学到的东西？

参考资料

[1]Common Core State Standards Initiative. (2010). *Common Core State Standards for English language arts & literacy in history/social studies, science, and technical subjects*. Retrieved March 19, 2015, from <http://www.corestandards.org/assets/CCSSI_ELA%20Standards.pdf>.

[2]Common Core State Standards Initiative. (2010). *Common Core State Standards for mathematics*. Retrieved March 19, 2015, from <http://www.corestandards.org/wp-content/uploads/Math_Standards.pdf>.

[3]CPALMS, Florida Center for Research in Science, Technology, Engineering & Mathematics. Learning Systems Institute, Florida State University. Retrieved March 19, 2015, from <http://www.cpalms.org/Public/Search/CriteriaSearch?search=Standards&subjectId=29&gradeId=14>.

[4]English Language Arts and Reading Texas Essential Knowledge and Skills (TEKS).

Chapter 110. Texas Essential Knowledge and Skills for English Language Arts and Reading, Subchapter B. Middle School. Retrieved March 26, 2015, from <http://ritter.tea.state.tx.us/rules/tac/chapter110/ch110b.html>.

[5] Hattie, J. (2008). *Visible learning: A synthesis of over 800 meta-analyses relating to achievement*. New York:Routledge.

[6] Hom, H. L., Jr., & Murphy, M. D. (1983). Low achiever' s performance: The positive impact of a self-directed goal. *Personality and Social Psychology Bulletin, 11*, 275−285.

[7] Marzano, R. J. (2007). *The art and science of teaching: A comprehensive framework for effective instruction.* Alexandria, VA: Association for Supervision and Curriculum Development.

[8] Marzano, R. J. (2009). *Designing & teaching learning goals & objectives.* Bloomington, IN: Marzano Research Laboratory.

[9] Marzano, R. J. (2013,November). Art and science of teaching: Planning for what student' s don' t know. *Educational Leadership,71*(3), 80−81.

[10] Marzano, R. J., Boogren, T., Heflebower, T., Kanold-McIntyre, J., & Pickering, D. (2012). *Becoming a reflective teacher.* Bloomington, IN: Marzano Research Laboratory.

[11] Marzono, R. J., & Brown, J. L. (2009). *A handbook for the art and science of teaching*. Alexandria, VA: Association for Supervision and Curriculum Development.

[12] Marzano, R. J., & Kendall, J. S. (2007). *The New Taxonomy of educational objectives* (2nd ed.). Thousand Oaks, CA: Corwin.

[13] Marzano, R. J., & Kendall, J. S. (2008). *Designing & assessing educational objectives: Applying the New Taxonomy.* Thousand Oaks, CA: Corwin.

[14] Marzano, R. J., & Toth, M. D. (2013). *Deliberate practice for deliberate*

growth: Teacher evaluation systems for continuous instructional improvement. West Palm Beach, FL: Learning Sciences International.

[15] Marzano, R. J., Yanoski, D. C., Hoegh, J. K., Simms, J. A., Heflebower, T., Warrick, P.(2013). *Using Common Core State Standards to enhance classroom instruction and assessment.* Bloomington, IN: Marzano Research Laboratory.

[16] National Council for the Social Studies (NCSS). (2013). *The College, Career, and Civic Life (C3)Framework for Social Studies State Standards: Guidance for enhancing the rigor of K-12 civics, economics, geography, and history.* Silver Spring, MD: NCSS. Retrieved March 19, 2015, from <http://education.nationalgeographic.com/media/file/C3-Framework-for-Social-Studies.pdf>.

[17] Rao, S. M., & Gagie, B. (2006, July/August). Learning through seeing and doing: Visual supports for children with autism. *TEACHING Exceptional Children, 38*(6) 26–33.

[18] Stiggins, R., Arter, J., Chappuis, J., & Chappuis, S. (2006). *Classroom assessment for student learning: Doing it right—using it well.* Upper Saddle River, NJ: Pearson Education.

[19] Tomlinson, C. A. (2014). *The differentiated classroom: Responding to the needs of all learners* (2nd ed.). Alexandria, VA: Association for Supervision and Curriculum Development.

[20] Tomlinson, C. A. (2000, August). *Differentiation of instruction in the elementary grades.*Retrieved from ERIC database. (ED443572).

[21] Virginia Department of Education. (2010). *Science Standards of Learning for Virginia Public Schools.* Retrieved March 19, 2015, from <http://www.doe.virginia.gov/testing/sol/standards_docs/science/>.